Super Omnia Bonae Voluntatis

Réflexions
d'un
moine
pas ordinaire

CONCERTS DE LOUANGES

à propos de *Réflexions d'un moine pas ordinaire*

« Je regarde les savants et les hommes d'esprit comme des coquettes ;
il faut les voir, causer avec eux, mais ne pas prendre plus les unes pour
femmes que les autres pour ministres. »
> — Napoléon Bonaparte
> Empereur de France

« Toute activité poursuivie avec un cœur pur est vouée à porter des
fruits, que ceux-ci soient visibles ou non à nos yeux. »
> — Mahatma Gandhi
> Saint homme

« Le succès n'est pas un accident. C'est un travail acharné, de la
persévérance, de l'apprentissage, des études, des sacrifices et surtout,
de l'amour pour ce que vous faites ou apprenez à faire. »
> — Pelé
> Légende du football

« Tout a sa beauté, mais tout le monde ne la voit pas. »
> — Confucius
> Un des trois Rois mages
> à avoir rendu visite à Jésus
> lors de son Épiphanie

« Une personne qui n'a jamais fait d'erreur n'a jamais rien essayé de
nouveau. »
> — Albert Einstein
> Génie

« Approche-le et il n'est pas de début ; suis-le et il n'est pas de fin. Tu ne peux le connaître, mais tu peux l'être. »

— Lao Tseu
Auteur the *Tao Te Ching*
Second Roi mage à avoir rendu
visite à Jésus lors de son Épiphanie
(Gandhi était le troisième)

« J'ai l'impression que nous ne sommes plus au Kansas. »

— Dorothy dans *Le Magicien d'Oz*
Actrice

Série *Un héros est choisi*
Histoires héroïques de saints

Réflexions d'un moine pas ordinaire

Vers une théologie de la sainteté héroïque

Frère Emmanuel Labrise, O.S.B.

Un héros est choisi
Livre un

Saint Joseph Books

Titre original : *Reflections of an Uncommon Monk: Toward a Theology of Hero-Sainthood*
Traduit de l'anglais par Constance de Mascureau
Couverture et illustrations de Sam Wall
Illustrations intérieures de Izabela Ciesinska

ISBN 978-1-963123-13-5 (livre relié)
ISBN 978-1-963123-14-2 (livre de poche)
ISBN 978-1-963123-15-9 (livre électronique)

Les textes bibliques de cette œuvre sont extraits de la Bible de Jérusalem, édition révisée © 1997, Éditions du Cerf. Version en ligne : http://otremolet.free.fr//otbiblio//bible//index.html.

J'ai fait tout mon possible pour contacter tous les détenteurs des droits d'auteur.

Imprimé pour la première fois en 2025.

Table des matières

Introduction à la série

Réflexions d'un moine pas ordinaire est le premier tome de la série *Un héros est choisi*, et il en est le fondement spirituel et moral. À partir du deuxième tome, *La mission de la Pucelle*, toutes les histoires s'appuient sur les thèmes et sujets introduits dans *Réflexions d'un moine pas ordinaire*. Le principal objectif de cette série est de transmettre des principes spirituels chrétiens et d'enseigner la vertu morale dans le contexte d'une histoire de héros-saint.

Il convient de faire une note ici sur le concept central et les thèmes prédominants de chaque livre, à commencer par *La mission de la Pucelle*. Chaque histoire, qu'elle soit historique ou fictionnelle, raconte l'histoire d'un ou plusieurs héros-saints appelés par Dieu à une vocation particulière et choisis par Lui pour remplir une mission personnelle. Le contexte historique est fondamental. Une large partie de chaque tome est consacrée à situer le protagoniste dans le cadre historique où il se voit offrir l'opportunité de réaliser une tâche ou un ensemble de tâches, et de vivre un événement ou un ensemble d'événements, qui le qualifie à devenir un héros-saint. Dans tous les cas, mis à part celui de Remmy Kimm, qui apparaît dans le récit fictionnel *Une histoire de vocation jamais racontée,* cela se produit pendant la dernière partie de la vie du protagoniste, parfois les dernières années ou même la dernière journée. La durée est moins importante que l'événement héroïque ou le moment héroïque en lui-même. On peut devenir un héros-saint par un unique acte héroïque à la fin de sa vie, ou par une vie entière de service désintéressé. Dom Tom Mo, l'autre protagoniste de *Une histoire de vocation jamais racontée,* a été appelé à sacrifier sa vie pour les passagers de son vaisseau spatial en l'espace de quelques heures seulement. Quant à Remmy Kimm, elle a été appelée à des années de service missionnaire et à survivre à une expérience de mort imminente. Tous deux sont des martyrs, l'un rouge (sang, mort), et l'autre blanc (service désintéressé envers les autres).

Bien que moins importante que l'événement héroïque ou le moment héroïque, la position sociale occupée lorsqu'on est appelé mérite d'être mentionnée. Jeanne d'Arc vivait dans l'anonymat lorsqu'elle a été appelée à accomplir une mission publique qui dura moins d'un an, et s'acheva par sa mort sur le bûcher sous prétexte d'hérésie. Thomas More a été appelé à renoncer à sa position éminente au sein de la société anglaise et à sacrifier son statut et même sa vie, par fidélité à la foi qu'il avait professée. Jésus de Nazareth a également été appelé alors qu'il vivait dans l'anonymat, pour exercer un ministère public qui dura environ trois ans et s'acheva avec sa crucifixion. L'événement héroïque et le moment héroïque prévalent sur les compétences ou les biens que l'on possède lorsqu'on est appelé. Avec la possible exception de saint

Thomas More, les protagonistes de ces histoires n'étaient pas pressentis pour devenir des héros.

Attardons-nous un instant sur la place de ces livres dans le domaine de la littérature. Selon moi, aucun des tomes de cette série, qu'ils soient historiques ou fictionnels, n'est au sens strict une œuvre biographique, historique ou fictionnelle, bien qu'ils contiennent des éléments biographiques, historiques ou fictionnels. Et même s'ils traitent de la vie de saints canonisés, il ne s'agit pas d'hagiographies. Ce sont des histoires de héros-saints qu'on pourrait classer dans le genre de la littérature chrétienne non-fictionnelle.

Les amateurs de l'œuvre de Joseph Campbell, en particulier de son essai très influent *Le héros aux mille et un visages*, trouveront peut-être quelque chose d'utile dans les pages de ces livres. Je n'ai pas essayé de modeler les personnages fictifs sur son écriture, ni de raconter ces histoires de personnages historiques en m'appuyant sur son travail sur le mythe ou les figures mythiques. Je m'intéresse cependant à l'archétype et au comportement typique du héros-saint enfoui dans l'inconscient de chaque être humain, du moins si l'on adhère à la théorie jungienne. Cet archétype, comme de nombreux autres, se manifeste dans les films, les livres, l'art et les performances publiques de chaque époque, de l'Antiquité aux films populaires d'aujourd'hui. C'est l'archétype du héros-saint qui sert de fondement psychologique aux histoires de cette série.

Il m'a semblé utile de fournir un bref lexique de termes sur lesquels le lecteur pourra se concentrer. Je ne peux pas proposer de définitions pour chacun d'eux, car leur sens peut légèrement varier selon la vie des personnages, mais leur mention permettra au moins de sensibiliser le lecteur aux aspects importants de chaque histoire ainsi qu'à la thématique et à la tonalité de cette série. Le lexique se trouve à la page suivante.

Lexique des termes

1. Accomplissement dans la vie
2. Aventure héroïque
3. Deus ex machina
4. Événement héroïque
5. Expérience culminante
6. Expérience du désert
7. Héros-saint
8. Histoire héroïque
9. Marées de l'histoire
10. Mission
11. Moment héroïque
12. Mort menant à l'éternité
13. Mystère
14. Objectif de vie
15. Océans d'éternité
16. Pèlerin
17. Pèlerinage
18. Purification
19. Quête héroïque
20. Récompense
21. Sables du temps
22. Saint en devenir
23. Sainteté
24. Sainteté personnelle
25. Sanctification
26. Satisfaction dans la vie

Livre un

Réflexions d'un moine pas ordinaire

Introduction au Livre un

Chaque livre est une sorte de voyage, et le voyage que vous allez entreprendre par le biais de ce modeste petit livre est une métaphore du voyage que nous entreprenons tous à travers la vie. *Réflexions d'un moine pas ordinaire* parle de vie et de mort, de pèlerinage et de quête, de destin, de destination et d'éternité.

Le voyage de ce livre commence sur la couverture. L'illustration qui y figure fait office de représentation visuelle ou d'aperçu de ce voyage. Tout comme les vitraux dans une église sont faits pour enseigner et raconter une histoire, le symbolisme dans l'illustration de couverture résume le contenu de ce livre et a pour vocation de faire passer un message. La partie supérieure du ciel désertique à la tombée de la nuit est orientée vers l'avenir et l'univers, qui est lui-même un symbole d'éternité et fait écho à la première réflexion, « Cela commence par un rêve ». Les rêves sont une première étape vers la réalisation de quelque chose qui est situé dans l'avenir. Tous les rêves sont tournés vers l'avant, vers le haut, vers l'extérieur et au-delà. Ils regardent vers l'avenir, et dans un sens très réel vers l'éternité, car le futur est éternel, et l'éternité est le futur pour chacun d'entre nous. Ce livre commence par un rêve.

La partie inférieure de l'illustration en couverture représente la terre sur laquelle nous marchons et notre voyage à travers la vie. Le moine est vous et moi, et le voyage qu'il accomplit dans le désert représente votre voyage et le mien à travers la vie. L'horizon vers lequel marche le moine possède à la fois un élément terrestre et temporel et un élément céleste et éternel. Nous voyageons tous vers cet horizon, que nous le voulions ou non. Nos rêves et la façon dont nous vivons notre vie ici-bas auront un impact sur notre destination finale et la manière dont nous passerons l'éternité, mais l'aspect le plus important de ce mystère est la volonté de Dieu pour nous. C'est une vérité spirituelle fondamentale : on obtient toujours ce qu'on souhaite quand il s'agit de Dieu. Demandons-nous cependant si Dieu obtient toujours ce qu'Il veut quand il s'agit de nous.

Notre voyage à travers la vie, tout comme notre voyage à travers ce livre, que nous l'admettions ou non, est essentiellement solitaire, et pourtant en même temps communautaire. Le désert, qui est un endroit recherché par les moines depuis les origines du monachisme, chrétien ou autre, peut être un *lieu* comme le Sahara ou le désert de Judée, mais il s'agit toujours d'un *état* de prière, de contemplation et de proximité avec Dieu. L'illustration finale de ce livre, qui suit l'épilogue, représente l'accomplissement incertain du voyage du moine et du nôtre, alors que les traces de pas disparaissent dans le vaste désert du temps et les horizons lointains de l'avenir et de l'éternité. Nous ignorons comment le voyage du moine s'est déroulé et où son chemin l'a mené, mais nous savons que son voyage avait une finalité. Et nous sommes aussi en voyage, que celui-ci ait une finalité ou non.

Ce livre commence par un rêve et s'achève dans l'éternité. La route de ce voyage est un apostolat qui culmine dans la sainteté personnelle, et les empreintes de pas sur l'illustration finale représentent le chemin de ceux qui l'empruntent. Pour quelques rares élus, il s'agit d'un chemin d'apostolat audacieux qui mène à la sainteté héroïque.

Réflexions d'un moine pas ordinaire est composé de vingt-sept réflexions spirituelles qui tiennent lieu de fondement spirituel et moral aux histoires de héros de cette série. Le lien entre la vérité spirituelle ou morale et le récit historique ou fictionnel est parfois manifeste, comme dans les titres de chapitre faisant référence à un élément de la réflexion « Un héros est choisi ». La plupart du temps, le lien est sous-entendu, comme dans la réflexion « La plénitude du temps », qui est universelle à travers les différents tomes. Le lecteur scrupuleux retirera davantage de cette œuvre s'il lit les histoires à la lumière des réflexions. L'exercice ne devrait pas se révéler trop difficile, et le jeu en vaudra la chandelle.

À la fin de ce livre, plusieurs pages blanches sont prévues pour prendre des notes. Si vous tombez sur un passage qui vous interpelle, vous pourrez ainsi inscrire le numéro de la page et les pensées que vous jugez utile de retenir. À l'issue de votre voyage, vous pourrez consulter ces notes si vous pensez qu'elles peuvent contribuer à vous faire grandir personnellement. Considérez ces pages comme une sorte de journal.

Nous vivons dans la chair, évidemment, mais nous ne combattons pas selon la chair. Non, les armes de notre combat ne sont point charnelles, mais elles ont, au service de Dieu, la puissance de renverser les forteresses. Nous renversons les sophismes et toute puissance altière qui se dresse contre la connaissance de Dieu, et nous faisons toute pensée captive pour l'amener à obéir au Christ.

2 Corinthiens 10:3-5

1

Cela commence par un rêve

On dit qu'il y a des dons que nous recevrons *certainement* de Dieu, que nous prions pour cela ou non, qu'il y a des dons que nous ne recevrons *jamais* de Dieu, que nous prions pour cela ou non, et qu'il y a des dons que nous recevrons de Dieu *seulement* si nous prions pour cela.

Cela commence par un rêve.

Puis vient la prière.

Puis l'espoir.

~

Nous avons tous des rêves, petits et grands. Mais il y des moments dans la vie de certains d'entre nous où un rêve se distingue des autres, une idée ou une vision universelle qui donne un sens à la vie et devient un principe central et organisateur. Certains rêves ont le pouvoir de changer le monde.

Martin Luther King a fait un rêve. « Je fais un rêve… », a-t-il déclaré et prié. Il aimait tant ce rêve qu'il était prêt à mourir pour qu'il se réalise. Je pense souvent que la force de caractère d'une personne se mesure selon ce qu'elle est prête à sacrifier pour ce en quoi elle croit le plus. Certains rêves sont tellement précieux qu'ils valent la peine qu'on meure pour eux.

J'ignore si Henry Ford priait, mais je sais qu'il avait un rêve. Il a pris conscience de tout ce que la nouvelle invention de l'automobile pourrait apporter aux Américains, en tant qu'individus et en tant que nation. Et il a imaginé concevoir une façon de produire en masse une automobile durable et facile à entretenir, qu'il pourrait vendre à un prix abordable. L'historien Paul Johnson a écrit sur Ford : « Il a illustré la puissance, que tous les historiens apprennent à reconnaître, d'une idée bonne mais simple, poursuivie résolument par un homme à la volonté implacable. » Rien n'est parfait en ce monde, et l'industrialisation a eu un coût, mais il est indéniable que les véhicules motorisés ont amélioré la qualité de vie de milliards de personnes. Certains rêves valent la peine d'être poursuivis, et certaines personnes voient leur rêve devenir réalité.

Les rêves peuvent être puissants, et certains peuvent être douloureux et dangereux. Mieux vaut être prudent en matière de rêves et de souhaits, car certains rêves ont des conséquences éternelles. Un vieux moine m'a un jour appris qu'on obtenait toujours ce qu'on voulait quand il s'agissait de Dieu. Il ne faisait pas référence à des désirs superficiels et transitoires, entraînant un gain temporel sans lien avec notre bien spirituel, mais plutôt à ces désirs enfouis dans nos cœurs, ceux qui survivent dans l'éternité. Les Grecs de l'Antiquité nous ont laissé un précieux conseil : « Connais-toi toi-même. » L'unique façon de se connaître vraiment soi-même est de passer régulièrement du temps dans le silence et la solitude, dans une profonde introspection et méditation. Les Écritures nous enseignent à quel point le cœur humain est tortueux (Jérémie 17:9). Connais-toi toi-même ! Ce que nous ignorons peut nous être nuisible.

Les rêves peuvent être coûteux et parfois futiles. Dans les annales de l'histoire humaine, il existe une Décharge des rêves brisés, remplie d'histoires de vies anéanties, d'espoirs déçus, de relations rompues et de rêves brisés. Certaines personnes réagissent par des actions qui ne font qu'accentuer leur malheur, comme celles qui se jetèrent par la fenêtre au début de la Grande Dépression, après l'effondrement de leurs aspirations financières.

Bien que son rêve ne dépende pas d'une réalisation future, Fantine chante, dans la version musicale des Misérables : « J'avais rêvé… », désirant ardemment une chose qu'elle ne pourrait plus jamais avoir, son rêve ayant été remplacé par une vie de misère et de pauvreté. C'est un exemple littéraire dramatique d'une personne qui « vivait son rêve » avant que le malheur ne vienne la frapper et lui fasse vivre un enfer. Et pourtant, tout se finit bien. À la fin de l'histoire, elle chante « Prends ma main… » à l'homme qui a élevé sa fille jusqu'à l'âge adulte, à la suite de sa mort prématurée. Elle est arrivée au paradis et veut lui rendre la faveur.

La morale de l'histoire, c'est que même si nos rêves terrestres sont brisés, nous pouvons encore nous relever des cendres du malheur tel un phénix-saint. Il y a une autre vie et un autre monde derrière cette réalité terrestre, un endroit meilleur où l'on peut avoir de l'espoir, et où les rêves éternels peuvent encore se réaliser.

Dans une interview télévisée pendant l'émission *Firing Line with Margaret Hoover,* la top-modèle Paulina Porizkova déclara : « Les meilleures choses dans la vie ne sont pas faciles. » Les meilleurs rêves dans la vie ne sont pas faciles ou sans mérite. Les meilleurs rêves dans la vie perdurent dans l'éternité.

Même les moines ont des rêves. Je veux apprendre et grandir. Je veux devenir un saint.

> Ma mission est de devenir un saint et d'étendre le royaume d'amour de Dieu, pour la gloire de Dieu et le bien de tous.

Cela commence par un rêve. Puis vient la prière.

> Demandez et l'on vous donnera ; cherchez et vous trouverez ; frappez et l'on vous ouvrira. Car quiconque demande reçoit ; qui cherche trouve ; et à qui frappe on ouvrira. (Matthieu 7:7-8)

Puis viennent le courage et l'espoir.

> C'est pourquoi je vous dis : tout ce que vous demandez en prière, croyez que vous l'avez déjà reçu, et cela vous sera accordé. (Marc 11:24)

Puis vient la souffrance. Puis l'amour.

Quel est votre rêve ?

2

La plénitude du temps

L'équipe de basket féminine de l'Université d'État de Louisiane (LSU) venait de remporter son tout premier championnat national, et Kim Mulkey, l'entraîneuse principale, était aux anges. Dans une interview sur le terrain après le match, elle semblait être l'incarnation de la joie et la gratitude, et elle mentionna deux fois le fait qu'elle était « comblée ».

Après avoir été entraîneuse de basket féminin à l'université de Baylor et mené son équipe à trois championnats nationaux, Mulkey décida qu'il était temps pour elle de retourner dans son état natal de Louisiane. Elle y accepta une offre d'entraîneuse principale de la LSU, et remporta le championnat national lors de sa deuxième année seulement en poste. Personne ne s'attendait à un succès si rapide.

Lors d'une rencontre à domicile quelques jours après le championnat, Mulkey s'adressa au public rassemblé dans la salle où la LSU jouait ses matchs. Faisant référence au fait qu'elle était rentrée « à la maison » deux ans auparavant seulement, elle

déclara : « Dans nos vies, le moment opportun est essentiel. »
Mulkey semblait vouloir dire que parmi toutes les bénédictions
dont elle avait été comblée – en plus de son travail considérable –,
le moment opportun avait contribué à son succès.

Le moment opportun est une bénédiction que nous devrions
tous apprécier à sa juste valeur, même si très peu d'entre nous
remporterons un jour un championnat national. Les Écritures
disent : « Il y a un moment pour tout et un temps pour toute chose
sous le ciel. Un temps pour enfanter, et un temps pour mourir ;
un temps pour planter, et un temps pour arracher le plant. »
(Ecclésiaste, 3:2) Les Grecs de l'Antiquité définissaient le temps
selon les concepts de *chronos* and *kairos*. *Chronos* est le temps
mesuré avec une montre, un calendrier ou un autre instrument, et
correspond à la rotation physique de la Terre sur son axe qui
constitue nos jours terrestres, et la révolution physique de la Terre
autour du soleil qui forme nos années terrestres. Quant au *kairos*,
il est indépendant du mouvement physique et de la mesure
quantitative. Il est qualitatif, et se manifeste dans des déclarations
telles que « il est grand temps ». Le temps *kairos* est à l'œuvre
lorsqu'on est « prêt » pour un moment propice à l'enseignement.
Il est à l'œuvre dans les mots de Victor Hugo : « Rien n'est plus
puissant qu'une idée dont le temps est venu ». Et il est à l'œuvre
dans le plan de Dieu pour la vie de chacun d'entre nous, comme
il l'était dans la vie de Jésus quand il est né de Marie dans la
« plénitude du temps » (Galates 4:4).

Mais est-il totalement vrai que « tout est une question de temps », ou bien est-il aussi vrai, comme c'est le cas dans l'immobilier, que « tout est une question d'emplacement » ? Peut-être ces deux affirmations sont-elles exactes au sens propre, et fausses de manière absolue. Peut-être doit-on à la fois être au « bon endroit » au « bon moment ». Kim Mulkey était indéniablement au bon endroit au bon moment quand elle a remporté ce championnat national.

En ce qui concerne la vie du Christ, bien qu'on ne puisse pas être entièrement certain du *chronos* de sa naissance, nous savons qu'il est né durant le règne d'Auguste, le premier et plus grand empereur romain et l'un des plus grands dirigeants de la civilisation occidentale. Plus précisément, nous savons qu'il est né sous le règne du roi Hérode, qui est mort vers 4 avant J.-C., ce qui nous permet de situer la naissance du Christ entre 6-4 avant J.-C. Et bien qu'on ne puisse être entièrement sûr de la date de sa mort, nous savons qu'il a été crucifié entre 26 et 36 après J.-C., alors que Ponce Pilate était gouverneur de Judée. On a beau ne pas connaître avec certitude le *chronos* de la vie du Christ, on sait qu'il a entièrement vécu dans le temps *kairos*, la plénitude du temps, un temps préparé pour lui par Dieu seul.

Jésus n'a semble-t-il jamais eu vraiment à s'inquiéter du moment opportun. En vérité, on peut avoir la certitude qu'il se trouvait toujours au bon endroit au bon moment, tout simplement parce qu'il exécutait toujours la volonté de Dieu. Et c'est la clé : le moment opportun et le bon emplacement, ou « être au bon endroit au bon moment », est une bénédiction divine. C'est la conséquence de l'accomplissement de la volonté de Dieu, ou pour ceux qui n'ont pas encore choisi de s'aligner avec elle, un signe de prédestination et une opportunité de modifier son mode de vie pour vivre conformément au plan de Dieu.

La victoire de la LSU au championnat national a eu lieu le dimanche des Rameaux, et l'entraîneuse Mulkey n'a pas manqué pas de le mentionner lors de son interview juste après le match. Elle se trouvait au bon endroit au bon moment, tout comme le Christ le jour du dimanche des Rameaux, deux mille ans plus tôt. Nous devrions nous sentir soulagés lorsque nous nous trouvons au bon endroit au bon moment sur notre chemin de vie. Et si ce n'est pas le cas, mettons-nous à prier, car Dieu seul peut nous y mener.

Vous trouvez-vous au bon endroit au bon moment pendant votre voyage sur cette Terre ? La journée d'aujourd'hui est-elle pour vous une expérience semblable à celle du dimanche des Rameaux ?

3

Le grand jeu

J'ai le sentiment qu'un grand jeu se déroule dans la société. Il ne s'agit pas d'un jeu lié à un moment ou un lieu, ni d'un jeu qui se joue avec des objets matériels. Ce jeu emploie plutôt des objets immatériels : mots et expressions, raison, logique, rhétorique, opinions, concepts, perceptions, langue, abréviations, jargon, termes qui font le buzz. Parce que ces éléments font partie de la vie quotidienne, le grand jeu est accessible à tous. En effet, on le voit chez soi et à l'étranger, dans les écoles et sur les lieux de travail, dans le domaine universitaire, au gouvernement, dans la politique.

Le jeu est essentiellement visible dans les discours publics, en particulier dans les médias, et on le retrouve aussi dans les pages de l'histoire. Ce n'est pas un jeu qui est nécessairement plaisant, bien que je soupçonne certaines personnes d'y prendre plaisir. Le grand jeu est intrinsèquement lié à la dynamique la plus profonde et significative de l'histoire de l'humanité : la bataille entre le bien et le mal.

Le grand jeu est principalement une bataille de mots, de rhétorique et de logique. Le vaste champ de bataille est le cœur et l'esprit des hommes. D'un côté se tiennent la vérité et les vertus qui l'accompagnent, et de l'autre côté, le mensonge, les ténèbres, l'ignorance, la tromperie et d'autres vices similaires. Largement immatériel tout en ayant des conséquences matérielles, le grand jeu transcende le temps et l'espace. Il se joue dans le monde de l'oral et de l'écrit d'hier, d'aujourd'hui et de demain.

Les enjeux de ce jeu sont élevés, aussi bien dans ce monde que dans le suivant. Le salut est le prix ultime à gagner ou à perdre, et les conséquences pour notre monde sont donc considérables. Les guerres culturelles qui font rage dans notre société aujourd'hui sont cruciales, et le monde que nous façonnons aujourd'hui sera celui que nous transmettrons à nos descendants demain.

Personne ne peut éviter complètement de participer au grand jeu, puisque nous nous y soumettons tous d'une manière ou d'une autre. Edgar Allan Poe, parmi d'autres, recommandait : « Ne croyez rien de ce que vous entendez, et seulement la moitié de ce que vous voyez ». Je garde ce conseil à l'esprit quand je lis un journal ou un magazine, ou quand j'écoute les nouvelles à la radio ou à la télévision. J'essaie de discerner ce qui se cache entre les lignes et en arrière-plan. Quelles sont les présuppositions avec lesquelles je suis censé être d'accord ? Mes valeurs et perceptions *a priori* sont-elles proches de celles de l'auteur ou du chroniqueur ? Suis-je en train d'apprendre quelque chose ? Cela va-t-il me faire grandir ? Suis-je en train de subir un lavage de cerveau ? En quoi cela correspond-il à mes valeurs et à ce que je tiens pour bon et vrai ? Cela est-il en accord avec ma foi et ma morale chrétiennes ? Il est bon de faire preuve d'une bonne dose de scepticisme intellectuel, sans pour autant tomber dans le cynisme ou la lassitude.

Tout dans la vie ou presque est un projet et un processus, et la vie humaine est un processus continu de formation, que nous en soyons conscients ou non. Nous sommes constamment influencés par les stimuli que nous recevons du monde autour de nous, et la façon dont nous répondons à ces stimuli est au moins aussi formatrice que les stimuli en eux-mêmes. Tout a le potentiel de m'affecter d'une façon ou d'une autre, et c'est à moi de prendre le contrôle sur la manière dont ma vie intérieure est façonnée et influencée. Je ne veux pas perdre le grand jeu parce que je n'étais pas conscient d'être trompé, tout comme je ne veux pas perdre la Grande guerre pour le salut de nos âmes parce que je n'étais pas conscient d'être induit en erreur. Je considère ces deux événements comme intimement liés.

La descente en enfer

Bons termes
Rapport fraternel
Regard positif

MÉCHANCETÉ LATENTE

Persuasion douce et amicale

MÉCHANCETÉ
MANIFESTE

Raisonnement insidieux et spécieux

?

« À quoi ai-je
affaire
exactement ? »

Manipulation et tromperie

Débat
Agression
Violence

Le Grand Jeu

Le chemin est large et étroit

Il n'y a parfois d'autre solution que la sanction

4

Le mystère de l'iniquité

Ah, le grand jeu…

Cela fait maintenant de nombreuses années que je m'adonne au grand jeu, je l'ai étudié comme un grand maître, je l'ai perfectionné comme un grand champion. Je connais tous ses tenants et aboutissants, toutes les ficelles du métier – quand ralentir et quand accélérer, quand battre en retraite et quand persévérer, quand dissimuler et quand être franc. J'ai tout vu dans ce jeu. Je connais tous les coups et je sais quand les jouer. Tout est une question de moment opportun ! Perfectionner mon savoir-faire a été pour moi un travail de passion, si l'on peut dire.

Nous sommes nombreux à jouer au grand jeu. Vous ne nous remarquez pas très souvent dans la société, voire pas du tout, et nous préférons qu'il en soit ainsi. Nous faisons preuve de discrétion, et tout se déroule mieux de cette façon. Vous nous imaginez peut-être comme une sous-communauté, des trolls des cavernes qui se terrent dans des caves sombres et passent leurs soirées à jouer aux jeux vidéo, mais vous n'avez pas conscience que nous aimons la lumière du jour tout autant que vous et que nous évoluons dans les mêmes cercles. Loin d'être des créatures nocturnes et recluses, nous sommes très sociables, travailleurs et productifs, toujours soucieux du bien commun, comme une colonie d'abeilles qui contribue à construire des ponts et à démolir des murs. Intéressés par ce qu'il y a de mieux pour chacun, nous sommes altruistes à notre façon. Nous aspirons autant que les autres à changer le monde. Pourtant, malgré notre conformité et notre responsabilité sociales, nous restons avidement dévoués au jeu.

> Parfois ici et parfois là
> Je suis partout en même temps
> En tout temps au même endroit
> Je me voile de mystère en me dissimulant au grand jour
> Plus vous me remarquez, moins vous faites attention à moi
> Je suis le maître de l'arnaque
> Avec moi, vous ne savez jamais vraiment
> Même si vous parvenez à résoudre mes énigmes, je reste aussi
>   insaisissable que le vent
> Enfermez-moi dans une bouteille, et qu'y trouverez-vous ?

Alors, où se joue le grand jeu ? Pas dans un recoin sombre de l'univers, mais dans le discours public et en pleine lumière. Malgré cela, il reste parfaitement adapté à la dissimulation et aux recoins sombres. Et c'est là que réside l'énigme :

> Il est accessible à tous et maîtrisé par personne
> Car ceux qui le maîtrisent sont maîtrisés par lui
> Et qui est maîtrisé est esclave

Le grand jeu se joue en tout lieu où deux ou trois personnes sont rassemblées. Je suis au milieu d'elles, bien qu'enveloppé de mystère. Je suis le maître du jeu ! Apprenez de moi, et vous apprendrez du plus grand. Je connais toujours le coup, l'action ou la manœuvre qui suit. Ma tactique est infaillible, tout comme l'est bien sûr ma stratégie. Mes armes sont toujours légitimes, même si je récolte là où je n'ai pas semé. Je suis maître dans l'art de la dissimulation, et j'emploie toujours le superlatif. Laissez-moi vous dévoiler le secret de mon succès, et vous serez convaincu.

> Le Grand jeu n'est pas un jeu de hasard
> Mais de talent, d'esprit et d'audace
> On scrute les profondeurs
> Là où se cachent les mystères
> Et on en fait surgir des mensonges à diffuser

Je suis à la fois scientifique et sophiste, guerrier et diplomate, lion et mouton, et bien d'autres choses que vous ne pouvez pour le moment supporter. Je suis parfois ce que vous voulez que je sois, mais jamais ce que vous pensez que je suis. Si je ne peux avoir un kilomètre, je me contente d'un centimètre. Si je ne peux avoir un centimètre, je me contente d'un millimètre. Si je ne vous fais pas virer à 180 degrés, je me contente d'un seul degré. Je ne m'attends pas à vous convertir d'un coup à ma façon de penser. Je suis patient. Ai-je construit Rome en un jour ? Une tournure de phrase par-ci, un euphémisme par-là, une légère déformation maintenant, un contresens insignifiant plus tard, quelques omissions mineures disséminées ici et là, et vous verrez la lumière.

Je suis tout aussi tolérant avec les faux-semblants et les exagérations qu'avec les arguments *ad hominem* et les arguments spécieux, et j'ai bien d'autres tours dans mon sac. Je dissimule, j'embrouille, je gagne du temps, ou les trois à fois. L'obscurité est ma couleur préférée. Si je déforme, c'est uniquement pour votre bien. La désinformation n'est nuisible que si ses résultats sont indésirables. Apprendre à voir la réalité sous une autre lumière élargira vos horizons et vous ouvrira de nouvelles perspectives, et vos opportunités cognitives et empiriques ne cesseront de croître. Les légères déformations que vous remarquez se dissiperont avec le temps, et sous ma tutelle vous deviendrez sage et adaptable. Une rose sous un autre nom n'est peut-être pas une rose !

> Le jour est achevé, le jeu est remporté
> Venez vivre éternellement au soleil
> Attachez-les et liez-les fermement
> Jetez-les dans les ténèbres de la nuit

Je cherche à vous protéger de tant de choses de ce monde. Pensez-vous que je vous laisserai vous faire tromper par le grand jeu ? Apprenez de moi, car je suis habile et humble de cœur ! L'arrogance sera notre passe-temps national. Une sorcière a dit qu'il est des âmes que le diable tente avec détermination, tandis qu'il laisse d'autres âmes tranquilles car il sait qu'il les possède. Sorcière ! Traîtresse ! Comment le sait-elle ? Laissez-moi vous sauver de cet aveuglement et du grand tyran, et je ferai de vous mon véritable serviteur !

Remuez et gigotez
Dupez et éblouissez
Un prêté pour un rendu, vous crachez, je crache,
Geignez et salissez,
Poussière et vase,
Un sou et un centime pour une comptine

Trompeur ! Voleur ! Accepteriez-vous qu'ils vous mettent échec et mat au grand jeu pour l'éternité ? Le travail de mes mains, un cyclope de la raison !

Je suis le mystère de l'iniquité, une énigme de mensonges
Apprenez de moi, et vous ne saurez rien
Parlez-moi, et vous n'entendrez rien
Soyez de mon avis, et vous n'obtiendrez rien
Et que vous restera-t-il si ce n'est le Père des mensonges ?

Le syndicat du péché

5

La Décharge des rêves brisés

Cher Journal,

Une fois de plus, me revoilà dans la même situation.

Comment expliquer qu'à chaque fois que je démarre quelque chose de nouveau dans la vie, que je place mes espoirs sur une chose qui en vaut la peine, cela aboutisse toujours à un échec, à une déception et de la tristesse ? Rien ne fonctionne pour moi dans la vie, rien ne dure, passée une première phase d'espoir et d'enthousiasme. Je sais que tout le monde connaît des passages difficiles et expérimente tôt ou tard l'échec, le rejet et la déception, mais j'ai l'impression d'être particulièrement concerné par cela. Pourquoi Dieu ne soutient-Il rien de ce que j'entreprends ?

Oh, il y a bien eu des moments dans ma vie où les choses se sont bien passés pour moi, plus ou moins, parfois à mon avantage et d'autres à mes dépends, mais rien de valeur ne dure. Je ne semble pas réussir à bâtir quoi que ce soit. Tout succès ou accomplissement apparent est éphémère, et seuls la perte et le découragement subsistent dans leur sillage. Je suis conscient que des gens dans le monde ont des vies bien plus difficiles que la mienne, et qu'ils recollent les morceaux et tournent la page, et c'est ce que je vais faire une fois de plus. Je prie pour eux, et je vais essayer de me concentrer sur mes bénédictions.

On dit que Dieu tient compte des efforts et non du succès. Très bien ! Mais j'aimerais tant qu'une partie de ces efforts soit récompensée un jour. On dit aussi que Dieu récompense le travail, la souffrance, la patience et la bonne volonté. Super ! Est-il possible que je reçoive une quelconque récompense dans cette vie pour tous les efforts que j'accomplis et les épreuves que je traverse ?

Alors que je m'épanche sur ces pages soir après soir, je me demande parfois si Dieu entend mes prières. Je commence à perdre ma volonté. Et à perdre espoir.

Quoi qu'il en soit, je trouverai autre chose à faire. Je prie pour ceux qui connaissent l'adversité dans cette vie, et je prie pour moi-même.

M'écoutes-Tu, Seigneur ? M'entends-Tu ?

6

Conduire le train jusqu'à la gare

J'ai été un jour interpellé par l'homélie d'un évêque, qui s'appuya sur l'histoire pour enfants *Le petit train bleu* pour illustrer son propos. L'histoire met en scène un train qui répète inlassablement « Je sais que je peux, je sais que je peux » alors qu'il tire un autre train de l'autre côté d'une montagne. Je ne me souviens pas de toute l'homélie, car je l'ai entendue il y a de nombreuses années, mais j'ai compris le message que l'évêque voulait faire passer quand il a déclaré : « Ce n'est pas à nous de conduire le train jusqu'à la gare. »

L'objectif de cette histoire est bien sûr d'enseigner la valeur de l'effort et de la persévérance, mais le message de l'évêque était que pour avoir une vie spirituelle enrichissante et bien servir Dieu, la grâce et la foi sont plus importante que l'application et les efforts. Personne n'est devenu saint uniquement à force d'efforts et de persévérance. Ce qui m'a le plus marqué dans cette homélie a été d'entendre l'évêque répéter avec conviction : « Ce n'est pas à nous de conduire le train jusqu'à la gare. » tout comme le train de l'histoire répétait : « Je sais que je peux, je sais que je peux ». Ce jour-là, j'ai eu la sensation d'être libéré d'un lourd fardeau. J'ai écouté des milliers d'homélies dans ma vie, mais seules quelques-unes d'entre elles me sont restées en mémoire. Celle-ci en fait partie.

« Ce n'est pas à nous de conduire le train jusqu'à la gare. » C'est à Dieu ! Le Seigneur a dit : « Hors de moi, vous ne pouvez rien faire. » (Jean 15:5), ce qui signifie que pour bien servir Dieu, nous avons besoin de sa bénédiction et de sa coopération. Nous devons cependant imiter « le petit train bleu » en fournissant de véritables efforts, en persévérant dans la limite du raisonnable, et surtout en ayant foi en Dieu, et en nous-mêmes et dans le bon travail que nous essayons d'accomplir.

« Ce n'est pas à nous de conduire le train jusqu'à la gare », mais c'est à nous de poser les rails ! Le succès dans la vie a beau dépendre de Dieu, cela ne signifie pas pour autant qu'Il va se mettre à notre place et tout faire pour nous. D'après les révélations reçues par sainte Faustine, Dieu récompense le travail, la souffrance, la patience et la bonne volonté. Il récompense les efforts, dans cette vie et dans la prochaine.

« Ce n'est pas à nous de conduire le train jusqu'à la gare. » Je me souviendrai toute ma vie de ces paroles. Bien qu'il appartienne à Dieu de veiller à notre succès dans la vie, ce succès sera jugé selon *ses* critères. Si nous voulons en savoir plus sur ces critères, nous avons les Écritures, ainsi que l'exemple de ceux dont les vies ont été des témoignages de charité héroïque.

Abraham Lincoln, qui parlait des « meilleurs anges de notre nature », était un bon exemple de l'enseignement de l'évêque. Il avait compris que malgré tout ce qu'il était capable de faire, ce n'était pas à lui de juger du résultat final, mais à Dieu de compléter le bon travail qu'il s'était efforcé d'accomplir dans sa vie. C'était à Dieu de conduire le train jusqu'à la gare.

Et c'était à Lincoln de contribuer à poser les rails.

7

Introduction à la vie spirituelle, première partie

La société moderne a considérablement évolué en matière de santé mentale, puisque nous pouvons désormais parler ouvertement de problèmes psychologiques sans nous sentir honteux. Heureusement, le tabou autrefois associé à la santé mentale s'estompe, et nous sommes capables de la traiter avec le même respect, la même considération et le même professionnalisme que la santé physique. Peut-être en ira-t-il de même un jour avec notre santé spirituelle.

« La santé spirituelle ? Oh, il suffit de la regrouper avec la santé mentale. »

Eh bien… oui et non. La vie spirituelle ne se limite pas à ce qui est exploré dans le cadre de la psychologie, et les sciences psychologiques ne se limitent pas à ce qui est englobé dans la vie spirituelle. Cependant, il y a évidemment des points communs entre les deux.

La science de la vie spirituelle est comparable aux sciences psychologiques, mais elle s'inscrit dans un contexte religieux.

L'objet de l'étude est le même : la partie immatérielle de la nature humaine, c'est-à-dire le psychisme, l'esprit, le cœur, l'âme, l'esprit, chacun de ces termes étant légèrement différent. En tant que groupe, ils se distinguent cependant de la partie matérielle de notre nature, le corps humain, qui est l'objet d'étude des sciences médicales. Au sein de la vie spirituelle, le prêtre ou le confesseur est le médecin de l'âme, de la même façon que les psychothérapeutes et autres professionnels des sciences psychologiques sont des médecins du psychisme.

Selon la psychologie, la sexualité et l'agressivité sont les deux pulsions de la personnalité humaine. Dans son *Summa Theologiae*, saint Thomas d'Aquin parle du concupiscible et de l'irascible, qui correspondent – mais pas tout à fait – à la sexualité et l'agressivité en tant que pulsions de l'esprit humain. L'origine de toute activité humaine, l'amour, est profondément ancré dans le cœur humain.

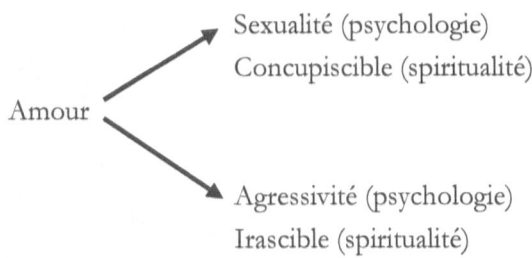

La finalité des sciences psychologiques peut être exprimée de différentes façons : réalisation de soi, actualisation de soi, bien-être mental, etc. La finalité de la vie spirituelle peut aussi être exprimé de diverses manières : sanctification et purification, sainteté personnelle, charité parfaite, union avec Dieu, etc. La santé mentale et la santé spirituelle sont étroitement liées, tout en étant différentes. Une personne dotée d'un haut degré de sainteté peut tout à fait expérimenter des problèmes de santé mentale. De la même façon, une personne spirituellement morte (qui a perdu la grâce sanctifiante) peut n'avoir aucun réel problème de santé mentale.

On peut perdre la grâce sanctifiante en commettant un péché mortel, et Dieu seul peut la rendre. Comme le terme le suggère, la grâce sanctifiante mène à la sainteté, qui se définit de la façon suivante : (1) une participation à la vie divine, et (2) une participation à la nature divine. Bien que Dieu accomplisse toutes ses actions en tant que Père, Fils et Esprit œuvrant à l'unisson, le travail de sanctification est généralement attribué à l'Esprit Saint. L'Esprit Saint qui habite en nous doit être préservé à tout prix, même celui de la mort physique. Sa perte aboutirait à la mort spirituelle de l'âme.

Principe spirituel #1 : la grâce sanctifiante est le don le plus précieux dans la vie spirituelle.

Lorsque le Christ dit dans l'Évangile : « Hors de moi, vous ne pouvez rien faire » (Jean 15:5), cela *semble* paradoxal par rapport à la façon dont nous nous comportons au quotidien. Il *apparaît* que nous pouvons faire de nombreux choses sans Dieu, y compris pécher, déclencher des guerres, détruire l'environnement, et de nombreuses autres activités qu'Il ne nous aiderait jamais à accomplir. Par ailleurs, il *semble* qu'Il est incapable d'empêcher ce genre de choses de se produire. Comme s'Il ne pouvait pas s'aider lui-même, et qu'Il ne pouvait rien accomplir en ce monde sans intervention humaine. Les mots *semble* et *apparaît* indiquent un problème de perception, et comme nul ne l'ignore, la réalité n'est pas toujours ce qu'elle *semble* et *apparaît* être. Théologiquement parlant, même si Dieu est tout puissant, Il préfère faire appel à des êtres humains pour accomplir sa volonté et son plan. C'est une énigme, et certains miracles n'impliquent pas d'intervention humaine, mais le fait est qu'on ne devrait pas attendre de Dieu qu'Il fasse ce que les hommes peuvent faire eux-mêmes.

Toutefois, en ce qui concerne la grâce sanctifiante, ce sont nous qui sommes dans l'incapacité de nous aider nous-mêmes. « Hors de moi, vous ne pouvez rien faire » (Jean 15:5) signifie que les êtres humains n'ont pas le moindre pouvoir pour sanctifier ou consacrer. Dans la vie spirituelle, Dieu règne en maître et nous ne pouvons rien faire sans Lui pour nous-mêmes ou pour les autres. Nous pourrions œuvrer toute notre vie vers la sainteté personnelle sans faire le moindre progrès dans notre vie de prière, notre avancement dans la vertu, notre sainteté personnelle ou notre purification. Tout cela dépend de l'action de Dieu.

> **Principe spirituel #2** : Dieu seul a le pouvoir de purifier,
> sanctifier et consacrer.

Ce n'est cependant pas une excuse pour ne pas faire tous les efforts possibles pour devenir saint. Sans discipline et sacrifice, il n'y a pas d'avancement dans la vie spirituelle. Dieu ne récompense pas la paresse, et la grâce facile n'existe pas. La grâce se définit comme : (1) l'aide bienveillante de Dieu en général, (2) un don ou une faveur en particulier, et (3) la grâce sanctifiante. Elle est toujours dispensée gratuitement, ce qui signifie que Dieu n'est pas obligé de l'accorder. Par ailleurs, la grâce n'interfère jamais avec la liberté humaine et ne pervertit pas la nature humaine.

Principe spirituel #3 : la grâce s'appuie sur la nature et la perfectionne.

Le plus grand don que Dieu peut donner est la vie elle-même, qui se comprend par : (1) la vie temporelle sur Terre, (2) la vie éternelle au Ciel, (3) la sainteté, qui est une participation à la vie et la nature de Dieu. La tradition spirituelle chrétienne considère que la charité parfaite est la perfection de notre vie sur Terre. La charité, la reine de toutes les vertus, dépend directement des deux plus grands commandements : (1) l'amour de Dieu, et (2) l'amour du prochain et un juste amour de soi. Le mot grec pour *amour* dans la Bible est *agape*, et le mot latin est *caritas*.

Amour de Dieu

Amour du prochain   Amour de soi

30

Principe spirituel #4 : l'humilité aimante, ou l'amour humble, est la force la plus puissante de l'univers.

L'amour de soi narcissique se distingue du juste amour de soi, comme le vice se distingue de la vertu. L'avancement dans la vie spirituelle dépend du développement de la connaissance de soi et de l'apprentissage du juste amour de soi, étant donné qu'il existe une façon spirituellement saine de prendre soin de soi-même et une façon égoïste qui mène à l'égocentrisme. L'amour de soi narcissique est l'inverse de la vertu de charité.

Amour de soi narcissique, égoïste

Amour de Dieu   Amour du prochain
(s'il est présent)   (s'il est présent)

Principe spirituel #5 : l'amour de soi narcissique est la racine de tout le mal.

Cet enseignement spirituel est conforme à la découverte en psychologie de la triade noire de la psychopathie, du narcissisme et du machiavélisme, ou de la tétrade noire qui inclut le sadisme.

8

Un héros est choisi

Poste(s) disponible(s) à pourvoir immédiatement.
Toutes candidatures acceptées. Idéalement, les
candidats posséderont les qualités suivantes ou
seront capables de les développer :

- Volonté à toute épreuve
- Persévérance infinie
- Confiance

Les éléments suivants ne sont pas requis pour
soumettre une candidature. Dans de nombreux cas,
leur absence pourrait même rendre le candidat plus
attrayant :

- Amis
- Relations proches
- Popularité
- Emploi classique
- Revenu, quelle que soit sa forme
- Haut niveau d'intelligence

- Statut social élevé
- Marques distinctives de réussite, d'avancement ou de talent
- Bonne réputation
- Vie vertueuse (la notoriété publique ne sera pas un motif de disqualification et pourrait dans certains cas rendre le candidat plus attrayant, à condition qu'il soit disposé à participer à un programme de formation et de réajustement)
- Autres qualités négociables

Le processus de recrutement et le parcours professionnel se dérouleront comme suit :

1. **Un héros est choisi.** L'employeur choisira un ou plusieurs candidats héros.

2. **Expérience dans le désert.** Le candidat vivra une expérience dans le désert en tant qu'apprenti.

3. **Mission et vocation.** L'apprenti se verra attribuer une mission et une vocation.

4. **Expérience culminante.** L'apprenti sera mis à l'épreuve.

5. **Deus ex Machina.** L'employeur fournira de l'assistance en cas de besoin.

1. Un héros est choisi

« Mais ce qu'il y a de fou dans le monde, voilà ce que Dieu a choisi pour confondre les sages ; ce qu'il y a de faible dans le monde, voilà ce que Dieu a choisi pour confondre ce qui est fort ; ce qui dans le monde est sans naissance et ce que l'on méprise, voilà ce que Dieu a choisi ; ce qui n'est pas, pour réduire à rien ce qui est, afin qu'aucune chair n'aille se glorifier devant Dieu. » (1 Corinthiens 1:27-29)

« Comme un surgeon il a grandi devant lui, comme une racine en terre aride ; sans beauté ni éclat pour attirer nos regards, et sans apparence qui nous eût séduits ; objet de mépris, abandonné des hommes, homme de douleur, familier de la souffrance, comme quelqu'un devant qui on se voile la face, méprisé, nous n'en faisions aucun cas. » (Isaïe 53:2-3)

2. Expérience dans le désert

Une fois recruté, l'apprenti devra être prêt à accepter des changements dans sa vie et un éventuel déménagement. Une période de formation est essentielle au développement du caractère moral, afin que l'apprenti soit apte à assumer des responsabilités futures. L'apprenti démarrera un programme approfondi d'éducation, de formation et de purification. Il sera demandé à l'apprenti d'endurer des conditions de vie et de travail désagréables, qui pourront inclure : des horaires prolongés ; des tâches et des missions pénibles ; des compagnons égoïstes, déraisonnables et immatures ; le jeûne et l'abstinence ; et d'autres épreuves et souffrances selon les exigences de sa mission et de sa vocation.

À l'issue de cette expérience dans le désert, il pourra être demandé à l'apprenti de déménager. Tout (ou presque) sera une question de moment opportun et d'emplacement. L'apprenti devra avoir conscience que la fin de l'expérience dans le désert ne signifie en rien la fin du programme de formation, car il devra impérativement suivre une formation continue en sainteté pour le restant de sa vie terrestre.

3. Mission et vocation

L'apprenti s'engagera dans une vocation difficile, et sa vie risque de changer radicalement. L'apprenti accomplira des tâches communes avec d'autre disciples et il pourra être appelé à remplir une mission unique durant sa vie. Bien que grave, l'échec n'entraînera pas nécessairement la perte du salut. Le succès sera généreusement récompensé.

L'intégrité de l'apprenti devra s'améliorer avec le temps. Les fautes morales devront diminuer jusqu'à finalement disparaître. Les erreurs de jugement devront également diminuer, et ses vertus intellectuelles devront se développer, particulièrement sa rationalité et sa rectitude, tout comme ses vertus morales. L'échec dans le domaine intellectuel sera toutefois moins grave que l'échec dans le domaine moral.

4. Expérience culminante

L'apprenti devra traverser un événement ou une série d'événements qui constitueront une expérience culminante. L'échec est possible, en totalité ou en partie, mais les anciens apprentis s'accordent à dire que l'expérience vaut largement le sacrifice.

5. Deus ex Machina

L'apprenti sera informé que le succès dans ses entreprises ne dépend pas entièrement de lui. Ce n'est pas à lui de conduire le train jusqu'à la gare. Il sera rappelé à l'apprenti que l'assistance divine est en tout temps disponible et qu'il n'est jamais seul. La providence divine se manifestera plus facilement pendant les moments les plus difficiles de sa vie, particulièrement l'expérience culminante, l'événement héroïque et le moment héroïque.

Croyez-vous aux miracles ?

Voulez-vous devenir un héros-saint ?

Alors quand les dés sont jetés
Et que les chances sont contre vous
Quand les enjeux sont élevés
Et que la fin est proche
Quand tout est en péril
Et que vous êtes donné perdant
Que vous êtes à terre et à bout de souffle
Seul au monde
Quand rien ne va
Et que la victoire est peu probable
Que vos seules options sont de vaincre ou de périr
Et que seul Dieu est à vos côtés
Alors sachez que vous êtes vraiment béni
Vous êtes l'être le plus chanceux de l'univers
Car vous êtes exactement là où Dieu veut
que vous soyez
Vous êtes entre les mains de Dieu

Ne doutez jamais d'une personne qui a la foi
Deus ex machina

Un héros est choisi

9

Introduction à la vie spirituelle, deuxième partie

Chaque nature a une perfection, et la perfection de la nature humaine est de ressembler à Dieu. Puisque nous sommes faits à son image et à sa ressemblance, et qu'Il est le bien suprême, notre finalité est de participer à sa vie et à sa nature aussi parfaitement que possible.

Les anges sont des êtres entièrement spirituels, ce qui signifie qu'ils ne possèdent aucun élément corporel (corps). Les êtres humains, en revanche, ont une nature duale puisqu'ils ont à la fois un corps et une âme. Pour ce qui est de la vie spirituelle, l'une des choses les plus importantes à savoir sur le corps est que les cinq sens agissent comme des fenêtres ou des canaux par lesquels l'âme acquiert la connaissance du monde extérieur. Sans les sens physiques, l'âme serait piégée à l'intérieur du cops, tel un prisonnier dans une cellule sans fenêtre ni porte. Dans les œuvres de saint Jean de la Croix, on retrouve une excellente réflexion sur les cinq sens et leur importance dans la vie spirituelle.

L'âme est le principe spirituel du corps et son principe de vie. Le mot *principe* a deux sens : (1) une vérité fondamentale, et (2) l'origine d'une activité. Dire que l'âme est le principe spirituel du corps et son principe de vie, c'est dire que l'âme est l'origine de la vie du corps et de l'esprit. Sans âme, un corps est un cadavre.

L'âme possède trois facultés : la volonté, l'intellect et la mémoire, la dernière étant parfois incluse dans l'intellect. Tout comme le corps a cinq sens physiques, l'âme a cinq sens spirituels :

1. *L'oreille est l'organe de l'obéissance.* Lorsqu'il est dit dans les Écritures : « Écoute, mon peuple, je t'adjure, ô Israël, si tu pouvais m'écouter ! » (Psaume 81:9), *écouter* signifie *obéir*.

2. *Les yeux sont l'organe de la compréhension.* Lorsqu'il est dit dans les Écritures : « Ils voient sans voir et entendent sans entendre ni comprendre. » (Matthieu 13:13), cela signifie que ces personnes ont la faculté spirituelle de comprendre mais qu'ils sont aveuglés par le péché ou l'obstination.

3. *Le nez est l'organe de l'intuition.* Dans le langage courant, nous disons : « Ça sent le roussi » ou « ça sent le sapin ». Dans les Écritures, il est souvent mentionné que Dieu sent une odeur agréable, généralement associée à la prière, le sacrifice ou la sainteté (par exemple, Genèse 8:21, Exode 29:18), mais c'est l'auteur humain qui sait intuitivement si Dieu est satisfait ou non.

4. *La bouche est l'organe d'une expérience directe avec Dieu et les choses de Dieu.* Ceci est manifeste lorsque les Écritures

disent : « Goûtez et voyez comme Yahvé est bon. » (Psaume 34:9).

5. *Le sens du toucher fait aussi référence à une expérience directe avec Dieu ou les choses de Dieu.* Le Cantique des Cantiques regorge de termes du registre du toucher. Et on retrouve ce sens chaque fois que Dieu touche, tient ou porte un être humain.

Selon sainte Faustine, l'essence de la sainteté est d'accomplir la volonté de Dieu. On ne peut trop le souligner. Aimer Dieu, c'est obéir à Dieu, et Lui obéir de bonne grâce, c'est L'aimer, même si l'on n'a pas ce sentiment. Le Christ a toujours suivi la volonté de son Père, et être chrétien ou comme le Christ, c'est L'imiter dans son obéissance à Dieu. L'obéissance à la volonté de Dieu est fondamentale dans la vie spirituelle.

Principe spirituel #6 : l'essence de la sainteté est d'accomplir la volonté de Dieu.

Le mal est défini dans la philosophie grecque comme la privation du bien, qui devrait être présent mais ne l'est pas. Le mal dans la vie spirituelle a le même effet qu'une carie sur une dent. Si l'âme n'est pas nourrie de quelque chose de spirituellement bénéfique, elle finira par être infectée par le vice et par mourir. Le mal dans la vie spirituelle est la privation de grâce ou de vertu sanctifiante, qui devrait être présente mais ne l'est pas. Ce qui est rassurant face à la présence du mal dans le monde et dans nos âmes est que Dieu ne permettrait jamais au mal d'exister s'Il n'avait pas l'intention d'en tirer du bien.[1] Dieu offre toujours une réponse pleine de sens au mystère de l'iniquité.

Le mal moral existe dans le monde parce que les êtres humains sont dotés d'un libre arbitre, et que Dieu ne nous en prive pas. Le libre arbitre nous donne la capacité de coopérer avec Dieu ou bien de déjouer le plan qu'Il a pour notre vie. Sans libre arbitre, les êtres humains ne seraient pas davantage que des robots ou des esclaves, et ce n'est pas ce que souhaite Dieu. Il cherche des candidats volontaires pour son plan de création et de salut, et non des captifs ou des otages. La grâce s'appuie sur la nature et la perfectionne, mais elle ne la détruit pas. Jamais Dieu ne retirera ou n'éliminera ce qu'Il a créé, y compris notre libre arbitre, et c'est précisément ce que les forces spirituelles du mal s'efforcent de faire.

> **Principe spirituel #7** : le principe le plus fondamental de toute l'histoire est l'éternelle opposition entre le bien et le mal.

La littérature de tradition chrétienne aborde en détail la bataille permanente entre le bien et le mal, qui a toujours existé dans le monde. Cette vérité évidente se manifeste dans la vie de chaque être humain sous la forme d'un combat spirituel auquel nul ne peut échapper. L'étude de l'histoire et des événements actuels nous montre à quel point la guerre et le péché sous toutes ses formes ont toujours fait partie de l'humanité, du fait de la bataille entre le bien et le mal qui se livre en chacun de nous. Quiconque

---

[1] *Catéchisme de l'Église catholique*, #324

se consacre à mener une vie spirituelle sait que le combat spirituel est omniprésent. Ces phénomènes sont liés. L'élan de nos actions extérieures provient de l'intérieur.

Les ennemis de l'âme sont le diable, la chair et le monde. Le diable et les autres anges déchus sont réels, et il est dangereux d'en croire autrement. L'humanité est disposée à dépenser des milliers de milliards de dollars dans l'exploration spatiale, soi-disant pour découvrir s'il existe d'autres formes de vies dans l'univers. Comment se fait-il que nous investissions tant d'efforts et d'argent pour explorer la possibilité de vie extra-terrestre, tout en refusant de croire à l'existence d'êtres spirituels ici sur Terre ? Sommes-nous devenus si profondément matérialistes ? Si vous ne retenez qu'une seule chose de ce livre, qu'elle soit celle-ci : les anges déchus existent et ils sont nos ennemis. Ce que nous ignorons peut en réalité nous être nuisible.

> **Principe spirituel #8** : les ennemis de l'âme sont le diable, la chair et le monde.

Le diable est décrit dans les Écritures comme un menteur et un meurtrier. Toutes ses actions ont pour origine sa malveillance, qui va au-delà de tout ce que nous pouvons expérimenter dans nos interactions humaines. Sa haine et sa mauvaise volonté relèvent d'une autre dimension et sont si terrifiantes qu'elles peuvent être paralysantes. En effet, le Malin est bien plus puissant que n'importe quel être humain, et il est logique que sa capacité à haïr et sa propension à la violence dépassent largement celles de n'importe quel être humain.

L'enseignement des Écritures est sans équivoque : le diable trompe et tue. En tant que meurtrier, il s'efforce de détruire la grâce sanctifiante dans l'âme, créant ainsi une « carie » – une privation de bien qui devrait être présent mais ne l'est pas – qui finira par corrompre l'âme. En tant que menteur, lui et ses partisans cherchent à déformer la réalité, lentement, progressivement, par petites étapes, au fil du temps. L'œuvre de destruction peut s'étendre sur toute une vie. Les forces spirituelles des ténèbres sont à l'œuvre dans la désinformation, la déformation, la mauvaise interprétation, la dénaturation et d'autres subtilités similaires, tout autant que dans les actions manifestement violentes. Le diable a horreur de la lumière, et une simple opinion peut parfois être l'ennemi de Dieu et de la vérité. Il est donc utile de garder à l'esprit les recommandations suivantes : « Ne croyez rien de ce que vous entendez, et seulement la moitié de ce que vous voyez » et « Ne croyez pas tout ce que vous pensez ».

Lorsqu'ils tentent les êtres humains, le diable et d'autres esprits malins ont accès à l'imagination et aux sensibilités, mais ils peuvent seulement solliciter la volonté, sans la contrôler ni la dicter. La volonté se retrouve en permanence dans un état de liberté relative, selon l'enracinement des habitudes de vertu ou de vice dans l'âme. Plus une âme est vertueuse, plus la liberté de l'individu est grande (son pouvoir de choisir le bien). Plus une âme est dépravée, plus l'individu est esclave du péché et de l'influence du diable. Dans les cas de possessions où le diable a un plus grand pouvoir sur l'âme, la volonté reste en partie libre, bien que la liberté soit diminuée et que l'âme soit faible. Dieu ne permet pas au diable de contrôler le libre arbitre d'un individu. Les films ne sont pas une source d'informations fiable à ce sujet.

Le deuxième ennemi de l'âme est la chair, dont la définition est : (1) tout ce qui s'oppose à la grâce, et (2) la peau et les tissus mous du corps humain, qui se distinguent des os. Quand saint Paul déclare : « Car la chair convoite contre l'esprit, et l'esprit contre la chair ; il y a entre eux antagonisme, si bien que vous ne faites pas ce que vous voudriez. » (Galates 5:17), il veut dire que la chair est tout ce qui s'oppose à la grâce en nous. Quant à cette « écharde en la chair » qu'il mentionne, (2 Corinthiens 12:7), il s'agit sans doute d'une sorte de maladie physique causée par les nombreuses souffrances physiques qu'il a endurées, ou bien peut-être d'un problème congénital ou d'une blessure. On l'ignore tout simplement.

Le troisième ennemi de l'âme, le monde, peut se comprendre de deux façons dans la tradition chrétienne, un sens neutre et un sens péjoratif. Dans son sens neutre, le monde est constitué de personnes, de lieux, de choses, d'idées, d'événements et d'occurrences. C'est dans ce sens qu'il est évoqué lorsque les Écritures disent : « Car Dieu a tant aimé le monde qu'il a donné son Fils unique, afin que quiconque croit en Lui ne se perde pas, mais ait la vie éternelle » (Jean 3:16). Dans son sens péjoratif, le monde est tout ce qui s'oppose au royaume de Dieu dans les sociétés humaines à travers les âges.

Associés au monde sont les biens matériels qui sont acquis pour eux-mêmes et enflamment l'orgueil et la sensualité de celui qui les possède. Ils comprennent les richesses, les honneurs, les plaisirs, le pouvoir, le statut et la renommée. En opposition avec les biens temporels et matériels, il y a les biens spirituels et leurs effets bénéfiques, qui sont destinés à perdurer dans l'éternité. Ils comprennent les grâces, les vertus, les mérites, la gloire, l'honneur et les indulgences. Les biens spirituels ne doivent cependant pas être confondus avec la finalité de la vie spirituelle, ni considérés comme plus importants que la grâce sanctifiante. L'objectif demeure toujours la sainteté personnelle, la sanctification et la purification, la charité parfaite, la perfection spirituelle ou l'union parfaite avec la volonté de Dieu. Les biens spirituels sont destinés à nous aider à atteindre notre objectif ultime et à nous récompenser pour notre service envers Dieu.

L'obéissance à la volonté de Dieu et un véritable engagement en tant que disciple apportent également sens, valeur, finalité, épanouissement, récompense et satisfaction dans la vie. Ces éléments devraient être perçus comme des bienfaits spirituels qui s'ajoutent aux biens spirituels.

10

Pleine conscience et pratique de la présence de Dieu

Aujourd'hui, la pratique de la pleine conscience s'est popularisée comme méthode de traitement psychothérapeutique et comme forme de méditation pour les personnes cherchant simplement à enrichir leur vie. La pleine conscience est religieusement neutre, dans le sens où elle n'enseigne ou ne prône pas explicitement des principes religieux, mais elle est assurément compatible avec la religion et la discipline spirituelle. Elle est sans doute connue depuis des siècles par les moines et les yogis de toutes sortes, et pourrait remonter aux origines de notre espèce, lorsque les êtres humains ont commencé à développer la conscience de soi.

Nicolas Herman est né en France en 1614. Les premières années de sa vie furent marquées par la pauvreté et la violence, des réalités courantes dans l'Europe médiévale et moderne. Il grandit pendant la guerre de Trente Ans (1618-1648), un conflit complexe et dévastateur qui se déroula essentiellement en Europe centrale. Pour subvenir à ses besoins, Herman fut contraint de devenir soldat. Blessé, il échappa de peu à la mort et vécut un éveil religieux qui l'amena à rejoindre le couvent des Carmes déchaussés à Paris en 1640. N'ayant reçu aucune éducation, il devint frère convers et prit le nom de frère Laurent de la Résurrection. Son quotidien était consacré aux travaux manuels, à la prière et au service envers sa communauté religieuse. Il est aujourd'hui connu en tant qu'auteur du livre classique chrétien *Sur la pratique de la présence de Dieu*, qui fut compilé à partir de ses lettres et conversations. Il s'éteignit en 1691.

Le titre de ce livre en reflète l'idée centrale. La discipline spirituelle de frère Laurent est une technique de méditation que l'on pourrait décrire comme une attitude de pleine conscience pratiquée religieusement, mettant l'accent sur l'habitude de tourner délibérément son esprit vers Dieu afin de demeurer constamment conscient de sa présence. Dès qu'il constatait que son esprit s'était éloigné, frère Laurent recentrait son attention sur la présence de Dieu. À l'instar de la pleine conscience, cette pratique est tout aussi simple qu'elle est profonde et enrichissante. À l'instar de la pleine conscience, elle est tout aussi difficile à mettre en œuvre qu'elle est simple.

Il y a de nombreuses années de cela, j'ai écouté à la radio l'interview d'un moine bouddhiste qui affirmait que sa principale discipline spirituelle était la pratique de la patience constante. Cela mérité d'être mentionné ici, car cette pratique est compatible avec la pleine conscience et la pratique de la présence de Dieu. Bouddha ne prétendait pas être un dieu, mais il affirmait être éveillé. La pleine conscience met l'accent sur cet éveil, et frère

Laurent s'efforçait d'être continuellement éveillé à la présence de Dieu. La pleine conscience, la pratique de la présence de Dieu et la pratique de la patience constante ont à l'évidence des points communs, à savoir l'éveil, la conscience du moment présent, la patience, le contrôle de soi et la détente mentale.

La pleine conscience peut être à la fois un traitement et un mode de vie. Dans le cadre de traitements psychothérapeutiques, elle est utilisée pour améliorer la santé mentale et physique. Pour les patients, l'objectif de pleine conscience est de réduire des affections telles que l'anxiété, la dépression, les troubles de stress post-traumatique, la souffrance physique chronique et les addictions à des substances, tandis que l'objectif de la pleine conscience, qui peut s'appliquer à tout le monde, est de vivre plus pleinement le moment présent, d'être plus conscience de soi et de son environnement, et d'atteindre un niveau de conscience plus élevé. Les praticiens de la pleine conscience prônent également de :

- Développer une curiosité saine et une ouverture au monde qui nous entoure

- Avoir conscience de ses sensations psychiques et de l'inconfort physique, et les considérer sans jugement

- Observer ses pensées et les dissocier de son véritable soi

~

En résumé, si votre rêve est de devenir un moine Jedi, alors vous devez pratiquer la pleine conscience, la présence de Dieu et surtout la patience.

Les chevaliers Jedi et les moines Jedi ont beaucoup en commun :

- Les chevaliers Jedi servent et sont guidés par la Force, qui a un côté lumineux et un côté obscur. Les moines Jedi servent et sont guidés par Dieu, qui n'est que Lumière.

- L'autodiscipline et l'entraînement des chevaliers Jedi est comparable à la discipline spirituelle et corporelle pratiquée par les moines Jedi, à la différence que les moines Jedi ne tuent personne, pas même des droïdes.

- En essayant d'entrer en contact avec la Force, les chevaliers Jedi s'adonnent à une forme de pleine conscience et de méditation semblable à la prière et à l'écoute avec le cœur. Les moines Jedi tentent d'entrer en relation avec Dieu par la prière méditative et la contemplation et s'appuient sur une riche tradition.

- Les chevaliers Jedi apprennent des vertus chrétiennes telles que la patience, la compassion, l'humilité, la modestie, la prudence, l'altruisme, la charité, la tempérance, la chasteté et le courage, pour n'en nommer que quelques-unes. Un vrai moine Jedi incarne toutes ces vertus, et comme les chevaliers Jedi, il pratique ce que le taoïsme nomme l'action sans effort.

- Un vrai moine Jedi est l'égal d'un vrai chevalier Jedi en matière de vertu, d'autodiscipline, et à tous autres égards, mis à part que les moines Jedi ne manient pas de sabre laser.

Et surtout, chacun d'eux pratique la patience, faisant confiance au lent processus de sanctification ou d'union avec la Force, et à l'œuvre du temps.

Que l'Esprit soit avec vous !

11

Persévérance et volonté propre

Il existe une différence considérable entre d'une part la foi et la persévérance ancrées dans la bonne volonté, et d'autre part, l'entêtement et l'obstination ancrés dans la volonté propre. La différence peut parfois être marquée, et d'autres fois subtile. Il arrive que la bonne volonté et la volonté propre soient éphémères, tout comme il existe des cas où l'une de ces attitudes domine dans le cours d'une vie. Quoi qu'il en soit, les conséquences des décisions prises dans l'une ou l'autre de ces dispositions peuvent être profondes.

Dans cette réflexion, je présente deux exemples historiques d'hommes célèbres et influents, saint Paul et Mohandas Gandhi. Leurs vies témoignent que des décisions prises dans une attitude de bonne volonté ou de volonté propre peuvent avoir des répercussions significatives, et toucher les vies de millions de personnes et l'histoire elle-même. Du point de vue de la vie spirituelle, nous pouvons analyser leurs opinions, leurs décisions et les conséquences qui en résultent, afin de tenter de comprendre le lien étroit entre la volonté propre et la vie selon la chair d'une part, et la bonne volonté et la vie selon l'esprit d'autre part (Romains 8:5).

En 1949, Gandhi affirma : « Le mot *défaite* ne fait pas partie de mon vocabulaire. » Pourtant, il suffit d'effectuer quelques recherches sur sa vie à l'aide de sources fiables pour découvrir qu'il connut de nombreuses défaites, aussi bien grandes que petites. Il avait sûrement le goût de la défaite et de la déception en bouche lorsqu'il déclara en 1912 : « Mes compatriotes sont vraiment méprisables. » Son expérience de la lutte et de l'échec, ainsi que la discorde entre les politiciens indiens de son époque l'ont sans doute poussé à dire en 1929 : « Priez Dieu de nous délivrer du fléau de la désunion. »

Ses pires défaites étaient cependant à venir. Durant la partition de l'Inde, à laquelle il était opposé, et la création de la nouvelle nation du Pakistan, les mouvements migratoires d'hindous et de musulmans entre l'Inde et le Pakistan provoquèrent d'importants conflits ethniques et religieux. Malgré tous les efforts de Gandhi pour apaiser la violence, nombreuses furent les personnes des deux confessions qui perdirent leur foyer, leur moyen de subsistance, et même leur vie.

Si Gandhi en savait beaucoup sur la défaite, il avait aussi une certaine expérience de l'échec personnel. En 1940, il déclara : « Existe-t-il un homme qui ne commette pas d'erreurs ? » Le parcours de l'Inde pour acquérir son indépendance vis-à-vis de la Grande-Bretagne était difficile à gérer, et Gandhi n'avait pas le bénéfice du recul historique, mais de nombreux historiens aujourd'hui estiment que ses objectifs irréalistes (comme son désir de ramener l'Inde à une ère préindustrielle et son insistance pour qu'une majorité de citoyens indiens mène une vie simple de travail manuel) – en dépit de ses bonnes intentions – ont contribué aux souffrances et aux troubles de l'époque. Gandhi s'accrochait à des idées politiques utopiques impossibles à mettre en pratique, et il refusa tout compromis lors des débats politiques ayant précédé la partition. S'il avait fait quelques concessions, la partition ainsi que la violence et les pertes humaines et matérielles qui en ont découlé auraient peut-être pu être évitées. Dans un documentaire de la BBC sur Gandhi, un citoyen indien a admis ce qui est peut-être une opinion répandue en Inde : « Les idées de Gandhi ne fonctionnent pas. »

Néanmoins, malgré l'intransigeance dont Gandhi a pu faire preuve à certains égards, il laisse aussi un héritage d'endurance patiente et d'action engagée face à l'injustice, et c'est pour cela qu'il restera toujours dans les mémoires. Sa pratique du satyagraha – la résistance passive et la poursuite de la vérité – a défié le pouvoir des autorités civiles britanniques et a contribué à ouvrir la voie à l'indépendance de l'Inde. Ironiquement, Gandhi a été influencé par le transcendentaliste Henry David Thoreau dans le développement de sa conception du satyagraha. Thoreau est l'auteur de *La désobéissance civile*, un bref essai publié pour la première fois en 1849, vingt ans avant la naissance de Gandhi. S'il avait été en vie, Thoreau aurait considéré les manifestations non-violentes de Gandhi avec une profonde satisfaction.

En affirmant qu'il n'admettait pas le mot *défaite* dans son vocabulaire, Gandhi a indiqué sa volonté de persévérer malgré les revers et les épreuves. Il partageait cette qualité avec son contemporain et adversaire politique, l'indomptable Winston Churchill, qui était lui-même un modèle et de persévérance et d'inflexibilité. Celui-ci s'exprima en ces mots en 1941 :

> Voici la leçon : ne cédez jamais, jamais, jamais…
>
> Ne cédez jamais, excepté à des convictions concernant l'honneur ou le bon sens… Il ne nous faut plus que persévérer pour vaincre.

~

Dans les écrits du Nouveau Testament, des éléments témoignent de la volonté propre obstinée d'un juif orthodoxe nommé Saul, qui finira par laisser place à l'endurance patiente d'un chrétien nommé Paul, prêt à supporter des épreuves par amour du Christ. De son propre aveu, Saul persécuta les membres de l'Église chrétienne naissante avant de se convertir alors qu'il faisait route vers Damas. Après avoir consenti au meurtre d'Étienne, il alla voir le grand prêtre de Jérusalem et lui « demanda des lettres pour les synagogues de Damas, afin que, s'il y trouvait quelques adeptes de la Voie, hommes ou femmes, il les amenât enchaînés à Jérusalem » (Actes des Apôtres 9:2). C'est lors de ce voyage que Paul connut sa célèbre conversion.

Sa transformation radicale de pharisien persécuteur à missionnaire chrétien mena Paul sur un chemin de conflit et de controverse, qui s'acheva par une mort violente. Ses premières luttes se déroulèrent à Damas, où il dut gagner l'acceptation et la confiance d'autres Juifs chrétiens.

> Tous ceux qui l'entendaient étaient stupéfaits et disaient : « N'est-ce pas là celui qui, à Jérusalem, s'acharnait sur ceux qui invoquent ce nom, et n'est-il pas venu ici tout exprès pour les amener enchaînés aux grands prêtres ? » (Actes des Apôtres 9:21)

Le témoignage public de Paul sur Jésus le Messie ne fit que l'éloigner de ses anciens amis et acolytes. Les « Juifs », ceux qui n'acceptaient pas Jésus en tant que Messie et restaient fidèles à la loi mosaïque traditionnelle, s'objectèrent violemment à sa conversion, qu'ils considéraient naturellement comme une trahison du judaïsme orthodoxe. L'apostasie de Paul lui valut une telle censure que : « Les Juifs se concertèrent pour le faire périr. Mais Saul eut vent de leur complot. » (Actes des Apôtres 9:23-24). Avec l'aide d'autres Juifs chrétiens, Paul parvint à passer de l'autre côté des murailles de Damas et à retourner à Jérusalem.

Paul s'était fait des ennemis très virulents au sein du judaïsme orthodoxe, non seulement à Damas mais à travers toute la diaspora. De retour à Jérusalem, il rencontra des difficultés à obtenir la confiance d'autres Juifs chrétiens et se heurta à l'hostilité des Juifs traditionnels qui refusaient d'accepter sa conversion. De nouvelles controverses émergèrent au sein d'une faction de l'Église primitive, dont les membres étaient appelés judaïsants, qui insistaient sur la circoncision des convertis et sur la stricte observance de la loi mosaïque.

J'ai débuté cette réflexion en affirmant qu'il existait une différence considérable entre la foi et la persévérance ancrés dans la bonne volonté d'une part, et l'obstination ancrée dans la volonté propre d'autre part. Dans les Écritures, nous retrouvons la même idée dans Jean 3:6 : « Ce qui est né de la chair est chair, ce qui est né de l'Esprit est esprit. » La persévérance fidèle est issue de l'esprit, tandis que l'obstination est issue de la chair, qui est tout ce qui s'oppose à la grâce. La première est ancrée dans la bienfaisance, tandis que la deuxième est plus proche de la mauvaise volonté. L'esprit était à l'œuvre en Paul, et la chair en Saul.

L'homme Saul était un meurtrier dont le cœur était rempli d'orgueil religieux. Dans son arrogance, il justifiait le meurtre d'Étienne et le mauvais traitement d'autres personnes, dont le seul crime était d'accepter Jésus comme le Messie. Son observance de la Torah et de ses centaines de préceptes justifiait dans son esprit la violation de l'un des dix grands commandements de la loi mosaïque : « Tu ne tueras pas » (Exode 20:13). Dans sa volonté propre aveugle et son inflexibilité, il était incapable de charité véritable, « ne respirant toujours que menaces et carnage » (Actes des Apôtres 9:1). Son comportement était donc complètement contradictoire avec les deux plus grands commandements.

L'homme Paul, quant à lui, manifestait une forme vertueuse d'endurance patiente et longanime qui élimine l'égoïsme intéressé.

L'esprit de sacrifice dont il faisait preuve en servant Dieu ne pouvait être ancré que dans une mission et une vocation d'inspiration divine. Selon ses propres mots :

> Cinq fois j'ai reçu des Juifs les trente-neuf coups de fouet ; trois fois j'ai été battu de verges ; une fois lapidé ; trois fois j'ai fait naufrage. Il m'est arrivé de passer un jour et une nuit dans l'abîme ! Voyages sans nombre, dangers des rivières, dangers des brigands, dangers de mes compatriotes, dangers des païens, dangers de la ville, dangers du désert, dangers de la mer, dangers des faux frères ! Labeur et fatigue, veilles fréquentes, faim et soif, jeûnes répétés, froid et nudité ! Et sans parler du reste, mon obsession quotidienne, le souci de toutes les Églises ! Qui est faible, que je ne sois faible ? Qui vient à tomber, qu'un feu ne me brûle ? (2 Corinthiens 11:24-29)

Vivre selon l'esprit est une source de vie et de grâce, tandis que vivre selon la chair cause la perte. La nuance entre la sainte persévérance et l'inflexibilité ancrée dans la volonté propre peut être subtile, mais Paul semblait capable de la distinguer lorsqu'il écrivit : « La charité… ne recherche pas son intérêt » (1 Corinthiens 13 :5). La volonté propre est toujours intéressée d'une certaine manière et témoigne d'un manque d'humilité, tandis que la persévérance fidèle selon l'esprit est altruiste et centrée sur Dieu. La conversion de Paul a donné la vie et la grâce tant à lui qu'à autrui. Alors qu'il approchait de la fin de sa mission, il fut capable de se réjouir : « J'ai combattu jusqu'au bout le bon combat, j'ai achevé ma course, j'ai gardé la foi » (Timothée 4:7).

12

Le déclin du christianisme

Une brève analyse de la situation du christianisme dans le monde occidental aujourd'hui n'est guère encourageante. Les recherches indiquent que le nombre d'églises chrétiennes aux États-Unis et en Europe est en baisse, tout comme le nombre d'adultes qui assistent aux services religieux le dimanche. Les recherches concernant la jeune génération sont encore plus inquiétantes. Bien que les données ne puissent prédire avec certitude l'avenir de l'église chrétienne, elles suggèrent une tendance préoccupante.

Le christianisme est manifestement arrivé à un tournant. Dans un monde où les sociétés à travers le globe sont de plus en plus interconnectées, le christianisme semble souffrir d'une déconnexion qui incite des fidèles à quitter les bancs de l'église. Alors que la science, la technologie et le savoir continuent à repousser les limites de la connaissance humaine, l'Église chrétienne peine à rendre son savoir pertinent dans un monde en permanente évolution. Un des défis auxquels est confronté le christianisme au XXIe siècle est que son savoir diffère fondamentalement de celui valorisé par la société laïque. Par ailleurs, la culture chrétienne est largement déterminée par ses racines historiques, tandis que la culture moderne évolue vers un avenir de plus en plus indépendant de ses racines historiques.

Les documents fondateurs du christianisme sont les Écritures et les écrits des premiers missionnaires et théologiens chrétiens. Chaque fois que l'Église se penche sur ses écrits sacrés et ses traditions, elle commence par se tourner des milliers d'années en arrière, du temps de l'ancien Israël et de la formation des écritures hébraïques, connues sous le nom d'Ancien Testament. À partir de là, l'histoire chrétienne évolue à travers l'Âge apostolique et la formation du Nouveau Testament, jusqu'à l'Antiquité tardive, le Moyen Âge, et enfin les temps modernes. Des documents ecclésiastiques ont été rassemblés tout au long de cette longue histoire, et une fois que la doctrine a été solidement établie, les autorités de l'Église ont historiquement résisté aux modifications de son contenu traditionnel. Cela est nécessaire en ce qui concerne la révélation divine, car l'Esprit Saint révèle des vérités ne pouvant être altérées. Comme les autres grandes religions du monde, le christianisme est fondé sur son histoire et adhère fermement à ses documents sacrés.

Les documents du monde en revanche, qu'ils concernent la science, la politique ou toute autre branche du savoir, sont sujets à la modification, la révocation et la relégation dans les oubliettes de l'histoire. Des théories, systèmes sociaux, constitutions, traités et autres apparaissent et disparaissent. Des nouveaux documents sont élaborés et des anciens documents sont révisés ou abrogés.

Des livres considérés comme révolutionnaires à une époque deviennent obsolètes et prennent la poussière sur des étagères de bibliothèque. La vie suit son cours, et le monde aussi.

Cette dynamique entre le savoir essentiellement permanent et métaphysique du christianisme, et le savoir en mutation et principalement matériel du monde laïque engendre une déconnexion préoccupante qui accentue une dissonance culturelle. L'Église tend à regarder en arrière, à réfléchir à sa tradition et à la préserver, et à se référer au passé pour ce qui est de son savoir. Historiquement, elle a manifesté une tendance à résister au changement, parfois de façon virulente, et elle a difficilement accepté l'explosion du savoir qui a démarré avec les révolutions scientifiques et industrielles. À l'inverse, le monde est tourné vers l'avenir. Il aspire à de nouvelles découvertes et technologies, espérant qu'elles mèneront à l'amélioration des conditions de vie terrestres. Dans cette optique, il embrasse le progrès scientifique, industriel, économique et social et explore inlassablement des possibilités futures.

Le savoir du monde grandit, et il grandit de plus en plus vite, amplifiant la déconnexion croissante entre le savoir religieux et le savoir laïc. Qui sait comment l'informatique quantique, l'intelligence artificielle, la robotique, les drones et l'exploration de l'espace feront évoluer le monde, mais cette évolution ne sera certainement pas bénéfique pour l'Église. Alors que le savoir laïc s'accroît de façon exponentielle et devient de plus en plus captivant, attrayant et lucratif, le savoir religieux demeure fondamentalement statique, car il laisse peu de place à l'innovation. Même s'il existe une certaine marge pour le développement de la doctrine, de nombreux enseignements ne peuvent être modifiés sans changer la nature même du christianisme.

Pour le meilleur et pour le pire, le christianisme est fermement ancré dans son histoire, et celle-ci le domine parfois. Alors que certains membres de l'Église, en particulier ses autorités, possèdent une vaste connaissance de l'histoire et de la tradition chrétienne, la plupart des gens dans la société ne lisent ou n'étudient pas l'histoire, encore moins l'histoire chrétienne, et en savent très peu à ce sujet. La majorité des chrétiens n'ont que peu de connaissances sur les racines historiques d'Israël et l'élaboration de l'Ancien Testament, ou sur l'histoire du monde méditerranéen au 1er siècle après J.-C., période pendant laquelle le Nouveau Testament a été rédigé. Bien que le christianisme soit imprégné d'histoire, la majorité des chrétiens ne savent pas replacer la Bible dans son contexte historique.

Cette déconnexion regrettable entre l'Église et le monde en matière de connaissances, d'histoire et de culture, existe au sein même de l'Église. Si on s'intéressait en profondeur à l'histoire de l'Église puis qu'on se plongeait dans des ouvrages écrits par des historiens professionnels, on y découvrirait un monde différent. De même, les personnes qui lisent de la littérature hagiographique peuvent y puiser de l'inspiration et se rapprocher de Dieu dans leur vie spirituelle, tout en ayant peu de connaissances sur l'histoire de la civilisation occidentale, tout comme celles qui lisent des légendes arthuriennes peuvent n'avoir qu'une compréhension limitée du véritable monde médiéval.

Lorsque l'Église ne se penche pas sur le passé, elle accorde plus d'importance à la vie éternelle qu'au monde temporel de demain. Le monde, quant à lui, s'intéresse aux événements contemporains et à la vie terrestre future, et même à la vie humaine sur Mars, bien plus qu'à l'Antiquité et à la vie après la mort. La culture laïque a des racines historiques, mais elle cherche à s'en affranchir pour s'ouvrir à l'infinité des possibilités de demain.

Le savoir, l'histoire et la culture constituent les principaux domaines de déconnexion entre le christianisme et le monde, mais qui l'emportera ? La culture et la doctrine chrétiennes parviendront-elles à renverser la tendance actuelle et à triompher de leur rival laïc moderne, ou bien les sociétés en perpétuelle évolution persisteront-elles à écarter le christianisme et à le rendre peut-être un jour archaïque, alors que le monde poursuit son avancée inexorable vers un avenir qu'il façonne ? Ou peut-être y aura-t-il un intermédiaire, positif ou non, qui verra le christianisme survivre en tant qu'Église plus petite, sans pour autant être plus pure.

Cependant, ce n'est pas la première fois que le christianisme se retrouve à un tournant. Il a déjà fait face à cette situation à de nombreuses reprises ces deux derniers millénaires, et il a toujours survécu. Bien qu'il y ait de quoi être pessimiste, il y aussi des raisons d'espérer.

Charles Darwin a écrit : « Les espèces qui survivent ne sont pas les espèces les plus fortes, ni les plus intelligentes, mais celles qui s'adaptent le mieux aux changements. » Si l'Église chrétienne veut survivre au XXIIe siècle, elle devra faire preuve de résilience et d''adaptabilité, tout autant que de force et d'intelligence. Le principal problème de l'Église dans le monde moderne est qu'elle est généralement en décalage par rapport à son époque et se laisse entraîner par les événements contemporains vers un avenir qu'elle a tendance à refuser et à rejeter. Mais le temps presse à présent, et l'avenir n'est pas si lointain. Pour prospérer, le christianisme doit s'adapter et réagir aux changements. Je ne plaide pas pour un changement de doctrine, mais il serait judicieux d'envisager des changements dans la prédication et le culte communautaire.

13

Cinq suggestions

Les problèmes ne sont pas des défaites, et les défis ne sont pas des échecs. Nul n'a jamais obtenu de succès, grand ou petit, sans avoir au préalable résolu des problèmes et surmonté des obstacles. C'est une réalité que nous vivons tous les jours. L'échec ne survient que lorsque nous sommes incapables de résoudre nos problèmes, et la défaite lorsque nous sommes submergés par les défis qui se posent à nous.

Les problèmes auxquels le christianisme est confronté aujourd'hui ne sont pas insolubles, et les obstacles ne sont pas insurmontables. Ce qui apparaît comme une faiblesse peut être transformé en force, ou du moins en une opportunité de grandir. Le défi du XXIᵉ siècle sera de conserver la pertinence du message chrétien dans un monde en pleine évolution. Avec un peu de créativité, de bon sens et de volonté d'adaptation, le christianisme pourrait encore prospérer.

Je propose ici cinq suggestions pour améliorer la prédication et le culte communautaire, et contribuer à freiner, voire à inverser, le déclin de la fréquentation des églises :

1. *Le culte communautaire doit être un moment de prière et non de représentation.*

Le monde offre de nombreux événements, spectacles et autres formes de divertissement avec lesquelles l'Église ne peut et ne doit pas rivaliser, tandis que L'Église offre des temps de prière publique et privée et une expérience avec Dieu qui mène au salut, ce que le monde n'offre généralement pas.

Les célébrations festives, triomphantes, et parfois tape-à-l'œil de l'Église ne sont pas priantes, et elles ne sont pas à la hauteur des célébrations et festivités du monde. Le prêtre ne doit pas jouer le rôle d'un showman, mais celui de dirigeant de la prière communautaire. La musique doit être priante, et non orientée vers la performance. Dieu doit toujours demeurer le centre d'attention de la prière, publique comme privée, et il faut résister à la tentation de le faire passer au second plan. L'Église chrétienne a beaucoup à apprendre de la prière communautaire monastique.

2. *Une évangélisation réussie repose sur une meilleure prédication.*

En venant à l'église, les gens cherchent une rencontre directe avec Dieu, une expérience sacrée, mystique, qui donne du sens à la pratique de la religion organisée. Une prédication visant à susciter une réaction émotionnelle et chaleureuse, sans apporter de stimulation intellectuelle, tend souvent à être peu inspirante, voire insipide. Pour être constructive, une prédication ne doit pas être un discours banal reposant sur un principe de base de la vie chrétienne. Les gens veulent de la créativité, de l'originalité, et un contenu intellectuel nouveau. De la même façon, prêcher dans un jargon théologique et jongler avec des métaphores, des symboles et des images bibliques ne peuvent se substituer au savoir acquis par l'étude rigoureuse de l'histoire et de la Bible. Une Église de signes et de symboles ne peut s'attendre à retenir ses membres dans le monde moderne des idées concrètes. Nous devons être une Église d'apprentissage authentique, que les contemporains trouvent revigorante.

Pour améliorer la prédication, il est indispensable d'intégrer des sources qui ne relèvent pas uniquement de la théologie, de l'étude des Écritures et de la spiritualité chrétienne. Utiliser toujours le même style et les mêmes formulations, aussi justes et bénéfiques soient-ils, produira inévitablement le même résultat. On attribue à Albert Einstein la citation suivante : « La folie, c'est de faire toujours la même chose et de s'attendre à un résultat différent. » Pour mettre en place une nouvelle évangélisation, il nous faudra tenter quelque chose de différent. Peut-être le pape François avait-il cette idée en tête lorsqu'il écrivit :

> L'homélie est la pierre de touche pour évaluer la proximité
> et la capacité de rencontre d'un pasteur avec son peuple. De
> fait, nous savons que les fidèles lui donnent beaucoup

d'importance ; et ceux-ci, comme les ministres ordonnés eux-mêmes, souffrent souvent, les uns d'écouter, les autres de prêcher. Il est triste qu'il en soit ainsi. L'homélie peut être vraiment une intense et heureuse expérience de l'Esprit, une rencontre réconfortante avec la Parole, une source constante de renouveau et de croissance.

3. *Un discours public n'a pas besoin d'être long pour être percutant.*

Franklin Delano Roosevelt donna à son fils le conseil suivant sur l'art de parler en public : « Sois sincère, sois bref et assieds-toi. » Le discours de Lincoln à Gettysburg ne comptait que 272 mots et ne dura que deux minutes, et pourtant il est considéré comme l'un des plus grands discours de l'histoire américaine. Edward Everett, qui précéda Lincoln et parla pendant deux heures, lui confia par la suite : « Je souhaiterais pouvoir me vanter d'avoir pu toucher le cœur du sujet qui nous occupe aujourd'hui en deux heures aussi bien que vous l'avez fait en deux minutes. » Ces deux présidents sont reconnus comme deux des plus grands orateurs de l'histoire américaine, et leurs conseils et exemples concernant la concision des discours en public sont tout aussi pertinents aujourd'hui qu'à l'époque. Peut-être avaient-ils compris que : « Abondance de paroles ne va pas sans offense ; qui retient ses lèvres est avisé. » (Proverbes 10:19).

4. *Les prédicateurs doivent lire.*

Les prédicateurs accompliraient un acte de charité envers eux-mêmes et envers leurs fidèles s'ils consacraient une heure par jour à la lecture, et tenaient un carnet pour noter leurs principales idées et anecdotes à intégrer dans leurs homélies. Les assemblées tireraient profit des lectures de leurs prêtres. Prêcher la théologie, les Écritures et la spiritualité chrétienne est nécessaire, mais d'autres disciplines peuvent également apporter un éclairage sur la condition humaine. Les livres d'historiens professionnels, en particulier ceux d'Oxford et Cambridge et les auteurs britanniques en général, sont extrêmement enrichissants. Les étudiants en histoire ne se contentent pas de se tourner vers le passé, mais regardent vers l'avenir. Ils approuvent généralement la citation : « L'histoire ne se répète pas, mais elle rime. » Il est bénéfique de lire sur d'autres sujets, comme l'actualité ou encore la psychologie, qui peut se révéler particulièrement utile, mais les ouvrages doivent être choisis avec prudence.

En émettant cette suggestion, je ne veux pas dire que toutes les homélies doivent parler d'histoire, de psychologie, d'actualité ou tout autre sujet. Je suggère simplement que les homélies sur des thèmes chrétiens seraient enrichies par les connaissances des prêtres dans d'autres disciplines, et que la qualité de prédication au sein de l'Église serait considérablement améliorée si les prêtres consacraient davantage de temps à la lecture. Comment ne pas être d'accord avec saint Ambroise, l'un des Pères de l'Église, lorsqu'il déclara : « Celui qui lit beaucoup et comprend beaucoup est comblé. Celui qui est comblé nourrit les autres. ».[2]

La lecture est cependant chronophage et peut nécessiter un ajustement de mode de vie, pas évident à mettre en place. C'est là que nous devons faire appel à l'esprit chrétien de sacrifice. Lire une heure par jour en prenant des notes est très exigeant pour des prêtres dont les emplois du temps sont déjà chargés d'obligations et d'événements. Le ministère de prêtre prend beaucoup de temps, et le déclin des vocations ne fait qu'accentuer le problème. Les prêtres ne sont cependant pas les seuls qui devraient faire des concessions. Les fidèles devraient être encouragés à ne formuler que des demandes raisonnables à leurs prêtres, afin qu'ils soient dispensés de nombreuses « obligations » sociales superflues et puissent consacrer ce temps supplémentaire à la lecture et au développement pastoral. Si les paroisses faisaient l'effort de l'expliquer à leurs communautés, la grande majorité des fidèles l'accepteraient et limiteraient leurs demandes à leurs prêtres, dans l'espoir que la qualité de la prédication s'améliore.

5. *Le niveau intellectuel doit être élevé.*

Une femme âgée conseilla un jour à un prêtre nouvellement ordonné d'être un peu plus terre à terre. Si elle entendait par là qu'il devait simplifier ces homélies, ce n'était pas un bon conseil.

---

[2] Adapté de *La Liturgie des Heures*, Office des Lectures, 7 décembre, Mémoire de saint Ambroise.

Les personnes âgées qui assistent fidèlement à la liturgie tout au long de leur vie devraient bien connaître l'enseignement chrétien, et il ne devrait donc pas être nécessaire d'en abaisser le niveau. Le philosophe et maître de conférences Emmanuel Kant était un bon modèle pour les professeurs, car il dispensait ses cours selon le niveau intellectuel de la moyenne de la classe, c'est-à-dire celui de la majorité des étudiants. Selon lui, les élèves les plus brillants comprendraient son enseignement quel qu'il soit, tandis que les moins doués ne le comprendraient pas, quel que soit son niveau de simplicité. C'est un sage conseil pour les prédicateurs.

Les homélies dominicales devraient s'adresser aux personnes qui prennent les décisions dans le foyer et emmènent les autres à l'église. Elles devraient être adaptées à la capacité intellectuelle moyenne des adultes de la communauté, car il s'agit des paroissiens qu'il faut convaincre et retenir. Ce n'est pas en baissant le niveau des homélies – à moins qu'il ne s'agisse d'une messe pour les enfants – qu'on parviendra à lutter contre la baisse de la fréquentation des églises. Les enfants de l'assemblée assisteront à la messe avec leurs parents, qu'ils la comprennent ou non, et ils finiront de toute façon par grandir intellectuellement.

L'époque où le prêtre était la personne la plus éduquée de sa ville ou de son village est révolue depuis longtemps. Il n'y a pas si longtemps, seuls les individus les plus privilégiés, disposant de temps et d'argent, savaient lire et écrire. Aujourd'hui, l'alphabétisation est généralisée, et les prêtres ont de la chance s'ils comptent parmi les plus instruits de leur paroisse. La nature égalitaire du savoir au XXIe siècle aurait été inconcevable pour les générations précédentes.

Les homélies doivent être adaptées à la communauté devant laquelle elles sont prononcées, et dans le monde moderne, les individus sont intelligents et instruits. Rédiger un bon discours demande du temps et beaucoup de travail. Winston Churchill avait un jour reconnu avoir passé dix-huit heures à préparer un discours de quarante-cinq minutes au Parlement. Cela revient à passer vingt-quatre heure à préparer chaque heure de prise de parole en public. Cela peut sembler impossible pour la plupart des prêtres, mais Churchill était aussi un homme très occupé !

~

Si les cinq suggestions que j'ai proposées étaient adoptées par les dirigeants de l'Église et appliquées au sein des paroisses, je pense qu'elles seraient volontiers accueillies par une majorité de fidèles et auraient des effets bénéfiques considérables. Les prédicateurs doivent améliorer leur capacité à transmettre le message du Christ à une communauté en évolution, sans quoi la baisse de la fréquentation des églises dans le monde occidental se poursuivra. Cela nécessitera des ajustements et de nouvelles méthodes.

L'adaptabilité et la résilience exigent une grande force de caractère, et comme Churchill le déclara un jour : « En fin de compte, la victoire doit revenir aux plus forts. »

14

Introduction à la vie spirituelle, troisième partie

Nous passons tous par l'école de la vie. Certains d'entre nous prennent soin d'en tirer des leçons, tandis que d'autres poursuivent leur chemin sans les assimiler. Bon nombre de ces leçons ne s'apprennent qu'à l'école de la vie, et nulle part ailleurs. La sagesse, ou le fait de vivre selon les réalités de l'existence, est aussi bien une question de savoir que d'expérience, et l'expérience ne s'enseigne pas dans une salle de classe classique. L'école de la vie est un lieu d'apprentissage et de développement. Que ferions-nous sans elle ?

Les moines bénédictins ont une autre école d'apprentissage et de développement, que saint Benoît appelle « l'école du service de Dieu ». Dans cette école, on apprend aussi parfois durement les choses. Ceux qui empruntent la voie du véritable apostolat fréquentent les deux écoles, et c'est là qu'ils reçoivent une formation en intégrité et en sainteté.

Le véritable apostolat, ou la pratique de la religion, englobe deux grandes catégories, celle de la foi et celle de la morale. Le mot *foi* possède trois significations : (1) un don que Dieu insuffle directement dans notre âme le jour de notre baptême, en plus de l'espérance et de la charité ; (2) une vertu, qui comme toutes les autres vertus, est renforcée lorsqu'elle est pratiquée et affaiblie lorsqu'elle ne l'est pas ; et (3) l'enseignement doctrinal, ou la religion en général, comme lorsqu'on parle de « la foi chrétienne » ou de « la pratique de sa foi ».

Certaines personnes n'ont pas la foi ou la perdent, parce qu'ils estiment ne pas avoir les bases intellectuelles nécessaires pour croire en Dieu. Ils devraient cependant savoir qu'il y a trois choses dont l'existence ne peut être prouvée par la seule raison humaine : Dieu, l'âme humaine, et la vie après la mort. Les théologiens ont élaboré des « arguments convaincants et convergents »[3] qui corroborent l'existence des trois, mais la seule façon de croire en Dieu est parfois de se mettre à genoux et de prier. La foi en Dieu consiste davantage à vivre une vie de foi, à se tourner vers Dieu et à le traiter comme s'Il existe, plutôt qu'à tenter de fournir des preuves intellectuelles de son existence.

Vous avez peut-être constaté que la vie spirituelle a une nature dualiste. Le psaume 1 parle de deux chemins dans la vie : la voie des justes et la voie des impies. Malgré cette tendance dualiste, la vie spirituelle n'est pas pour autant simpliste. Souvenez-vous que le fonctionnement des ordinateurs repose sur un système binaire (1/0), et qu'un univers de complexité découle de ce dualisme. De

---

[3] *Catéchisme de l'Église catholique*, #31.

même, la vie spirituelle peut sembler simple alors qu'elle est en réalité très complexe. Quant à la vie humaine, elle est tout sauf simple ou simpliste. Einstein aurait affirmé que la définition du génie est de prendre ce qui est complexe et de le rendre simple, et que si on est incapable d'expliquer une chose en termes simples, cela signifie qu'on ne la comprend pas vraiment. La connaissance n'a pas besoin d'être obscure pour être profonde. Je reviendrai plus tard sur la nature dualiste de la vie spirituelle.

En vérité, la connaissance de la vie spirituelle est la plus précieuse connaissance que l'on peut posséder. Elle permet rarement de régler les factures, mais elle nous aide à gagner le salut. Existe-t-il une chose plus importante dans la vie que d'assurer son salut éternel ?

La science de la vie spirituelle est la science du salut. Dans notre vision à court terme, nous avons tendance à ne voir que ce qui est important pour nous dans notre vie terrestre. Bien que les réalités terrestres aient une importance temporelle, les réalités éternelles et spirituelles devraient occuper une place plus élevée sur notre liste de priorités. Il est facile de perdre de vue des considérations en apparence lointaines lorsque tant d'exigences réclament notre attention immédiate. Nous passons des années à préparer notre retraite, alors ne devrions-nous pas aussi nous préparer pour l'éternité, qui durera infiniment plus longtemps ?

Nous devrions toujours avoir une compréhension claire de nos priorités dans la vie, car celles-ci ont un effet déterminant sur notre comportement. Les relations devraient être notre priorité absolue, et avant tout notre relation avec Dieu. Les psychologues affirment que nouer des liens avec autrui engendre le bonheur, il semble donc que ce besoin de relation soit inhérent à la nature humaine. Être des êtres religieux fait également partie de notre nature, ce qui signifie que nous avons besoin d'être en lien avec Dieu plus encore qu'avec les autres êtres humains. En réalité, être en lien avec Dieu conduit au plus grand bonheur possible ainsi qu'au salut éternel. Nous ne ressentirons peut-être pas ce bonheur à court terme, et la croix fait toujours partie du véritable apostolat, mais si nos priorités sont bien établies, nous devrions être prêts à retarder notre satisfaction pour servir Dieu et pour notre bien éternel, ainsi que pour le bien de ceux que Dieu nous appelle à servir.

> **Principe spirituel #9** : les relations constituent la priorité essentielle dans la vie, principalement notre relation avec Dieu.

Plusieurs saints ont enseigné qu'il n'y a rien de petit dans la vie spirituelle, alors que dans nos vies terrestres, beaucoup de choses sont sans importance, voire futiles, et ne compteront pas lors du Jugement dernier. Les petites choses ont une grande signification dans la vie spirituelle : de petits actes de charité, de pardon, d'abnégation, de gentillesse. Les petites victoires sur le mal comptent, car les actes forment les habitudes, les habitudes forment les dispositions, les dispositions forment le caractère, et selon le philosophe grec Héraclite, le caractère est le destin. Le libre arbitre a une dimension d'auto-détermination. C'est à travers nos choix que nous modelons la personne que nous devenons et participons à notre propre formation.

> **Principe spirituel #10** : il n'y a rien de petit dans la vie spirituelle.

> **Principe spirituel #11** : les actions forment les habitudes, les habitudes forment les dispositions, les dispositions forment le caractère, et le caractère est le destin.

Le début est le plus important. Je veux dire par là que si nous prenons un bon départ, la moitié de la bataille est gagnée, alors que si nous remettons les choses à plus tard ou que nous brûlons les étapes, nous serons toujours en difficulté.

Saint Bernard se répétait souvent que le moment était venu pour lui de commencer sa vie spirituelle, tandis que saint Jean-Marie Vianney affirmait chaque matin en se levant qu'il devait repartir à zéro dans sa vie spirituelle. Tout voyage débute par un premier pas, et le voyage vers le royaume de Dieu commence toujours aujourd'hui, au moment présent. Jean Pierre de Caussade disait que chaque moment présent est un sacrement de la présence de Dieu.

15

L'amitié avec Dieu

Dans la Genèse, Dieu déclare qu'il n'est pas bon pour l'homme d'être seul (2:18). Il dit cela à Adam dans le jardin d'Éden, avant de créer Ève pour qu'elle devienne sa compagne. L'interprétation stricte de ce passage fait référence au mariage entre un homme et une femme, mais une interprétation plus large peut aussi s'y appliquer : il n'est pas bon pour une personne de vivre sans compagnie, quelle qu'elle soit.

Les êtres humains sont par nature des êtres communautaires, sociaux et relationnels, et nous savons que personne n'est une île. Cela étant, le verset 2:18 de la Genèse signifie selon moi que chaque être humain devrait avoir au moins une personne à qui il peut se confier. Cette interprétation correspond à Jacques 5:16, qui recommande aux membres de l'église primitive : « Confessez donc vos péchés les uns aux autres », non pas parce qu'il est utile pour la communauté d'être informée des péchés des autres, mais parce que cela est bénéfique pour ceux qui se confessent. Les personnes qui ont déjà cherché de l'aide psychologiques savent que le simple fait de confier ses problèmes à quelqu'un d'autre a une valeur thérapeutique en soi, même si le conseiller ne peut rien faire pour résoudre le problème ou soulager la détresse psychologique. Dans la vie spirituelle, dire et exprimer équivalent à guérir.

En allant plus loin, le verset 2:18 de la Genèse peut aussi s'appliquer à l'amitié. Il n'est pas bon pour une personne de ne pas avoir d'amis, car l'amitié est un besoin humain universel et un don précieux. Cela vaut même pour le Seigneur dans sa nature humaine : l'amitié est un besoin et un don pour lui autant que pour nous.

Dans l'Ecclésiastique, on peut lire :

> Un ami fidèle est un puissant soutien ;
> qui l'a trouvé a trouvé un trésor.
> Un ami fidèle n'a pas de prix,
> On ne saurait estimer sa valeur. (6:14-15)

~

Dans les Écritures, le mot *crainte* concernant Dieu signifie un respect révérencieux qui suscite l'admiration et l'obéissance. Ceux qui craignent Dieu, qui Le respectent et Lui obéissent sincèrement sont généralement des personnes fondamentalement bonnes, qui s'efforcent de vivre selon l'Évangile. Elles obéissent aux commandements, principalement aux deux plus grands, qui résument toute la vie chrétienne. Ce sont des personnes qui partagent dans une certaine mesure la vie et la sainteté de Dieu.

Les personnes qui craignent le Seigneur se font de véritables amis. On lit aussi dans l'Ecclésiastique :

> Qui craint le Seigneur se fait de vrais amis,
> Car tel on est, tel est l'ami qu'on a. (6:17)

La deuxième partie de ce verset renvoie à l'idée que nous devenons semblables à ceux que nous fréquentons (Proverbes 13:20, 1 Corinthiens 15:33). Ceci souligne notre nature malléable en tant que créatures, et le fait que nous sommes poussés à faire le bien ou le mal en partie par le conditionnement social et les facteurs environnementaux.

La nature divine est en revanche immuable, et c'est une bonne chose si l'on considère certaines personnes que Jésus a fréquenté durant sa vie terrestre. Il est venu appeler les pécheurs, et non les justes (Marc 2:17), et appeler les pécheurs signifie s'associer avec eux et même nouer des amitiés avec eux. Dans Luc, on lit :

> Jean le Baptiste est venu en effet, ne mangeant pas de pain ni ne buvant de vin, et vous dites : « Il est possédé ! ». Le fils de l'homme est venu, mangeant et buvant, et vous dites : « Voilà un glouton et un ivrogne, un ami des publicains et des pécheurs ! » (7:33-34)

Jésus est ami avec des collecteurs d'impôts et des pécheurs, mais il ne devient pas comme eux. L'amitié qu'il leur offre est destinée à leur permettre de devenir davantage comme lui et de devenir un jour des saints, et si possible, des héros-saints. Le Christ propose sa compagnie aux collecteurs d'impôts et aux pécheurs pour qu'un jour, ils puissent répondre à l'amitié de Dieu.

Nous sommes tous appelés à vivre une amitié avec Dieu. Si nous y réfléchissons, existe-t-il une vocation ou une mission plus importante que d'être un ami fidèle de Dieu, dans cette vie et dans la suivante ?

Véritable amitié et compagnie chrétienn

Vertu morale	Vertu intellectuelle
Bonne volonté	Centré sur le contenu
Charité effective	Substance
Altruisme	Apprentissage
Solidarité partagée	Connaissance
Sentiment d'appartenance	Vérité
Aide et soutien mutuels	Compréhension
Bienfaisance	Sagesse
Confiance (le fondement de	Prudence
toutes les relations humaines)	Intelligence

Fausse amitié et compagnie non-chrétienne

Vice moral	Vice intellectuel
Mauvaise volonté	Trivialité
Méchanceté	Frivolité
Malveillance	Vacuité
Égocentrisme	Superficialité
Narcissisme	Absurdité
Égoïsme	Vide
Aversion	Vanité
Hostilité	Sensualité
Isolement	Hédonisme
Solitude	Mensonges et tromperies
Méfiance	Irrationalité

16

Introduction à la vie spirituelle, quatrième partie

Beaucoup d'encre a été versée pour tenter d'expliquer l'existence du mal dans le monde, comme si cela pouvait atténuer au moins partiellement l'angoisse et la souffrance qu'il cause à l'humanité. Dans la vie spirituelle, on distingue le mal moral, qui est commis par des êtres rationnels (humains et anges) et implique une forme de faute morale ; et le mal naturel, qui se produit dans le monde naturel et comprend des catastrophes comme des ouragans, des tornades et des éruptions volcaniques. La science a pour mission d'expliquer ce dernier, tandis que les premiers relèvent des domaines de la religion, de la philosophie et du droit.

Les philosophes grecs de l'Antiquité enseignaient que le mal est la privation d'un bien qui devrait être présent mais ne l'est pas. Selon la tradition spirituelle chrétienne, le bien manquant est la grâce et la vertu, ce qui signifie que l'existence du mal moral dans le monde dépend du choix que font les êtres humains entre le vice et la vertu, et la volonté de Dieu et le libre arbitre. Le choix individuel relève du libre arbitre, qui a la capacité de choisir entre le bien et le mal. Le fondement de la réponse chrétienne au problème du mal dans le monde a toujours été que Dieu a doté chaque être humain de libre arbitre, et que le mal existe dans le monde parce que les gens le choisissent.

Selon Einstein, le génie est de rendre simple les choses complexes. Malgré cela, cette réponse ne satisfait pas pleinement notre besoin de savoir pourquoi le mal existe dans le monde. Le libre arbitre est une faculté de choix, mais cela n'explique pas comment ni pourquoi nous choisissons. La réponse à cette énigme est complexe et restera éternellement un sujet de recherche et de spéculation dans les domaines de la psychologie et de la spiritualité. Néanmoins, une brève explication est apportée par la théologie chrétienne :

Principe spirituel #12 : la volonté choisit toujours le bien.

Le bien mentionné ici n'est pas nécessairement le vrai bien. La faculté de l'intellect identifie ce qu'elle *croit* être le bien par le biais de la cognition. Cependant, l'intellect humain est tout aussi susceptible de se tromper que la volonté humaine. Il y a une distinction à faire entre le bien véritable et le bien perçu, ou celui qui *apparaît* comme bien à l'intellect mais est en réalité spécieux et trompeur. La volonté s'appuie sur cette décision de l'intellect et choisit toujours ce qui est perçu comme étant bien, même si c'est un faux bien. La perception précède toujours le jugement. Alors quand des personnes choisissent le vice et le mal, c'est parce qu'elles y perçoivent un certain bien, même s'il s'agit d'un bien spécieux ou égoïste.

Alors comment la volonté et l'intellect sont-ils induits en erreur ? Les sciences psychologiques offrent de nombreuses explications à ce sujet, mais dans le cadre de la vie spirituelle, on peut nommer trois raisons principales : (1) les passions, (2) l'usage inapproprié de la raison humaine ou une mauvaise prise de décision, et (3) l'habitude de fauter et de pécher.

Le terme *passion* est défini comme : (1) une émotion ou un sentiment puissant, (2) un intérêt ou désir puissant, et (3) une période de souffrance intense, qui désigne habituellement la Passion du Christ mais peut aussi renvoyer aux souffrances de saints et de personnes pieuses en union avec Jésus et en imitation de Jésus. En tant que sentiment ou désir, les passions sont neutres en elles-mêmes, mais elles peuvent être orientées vers des fins vertueuses ou vicieuses. Dans la littérature spirituelle chrétienne, le terme *passion* est souvent employé au sens péjoratif et implique un attachement excessif à quelque chose. On trouve dans les Écritures un exemple de cet usage chez saint Paul, lorsqu'il fait référence aux passions et aux désirs égoïstes de la chair (Galates 5:24).

La passion de la haine est particulièrement épineuse à comprendre. Elle fonctionne en coordination avec la passion de l'amour. L'amour pousse la volonté vers ce que l'intellect perçoit comme le bien, tandis que la haine provoque une aversion envers ce que l'intellect perçoit comme le mal. Dans la Bible, qu'est-ce que cela signifie lorsqu'il est dit que Dieu « hait » quelque chose ou quand la « haine » ou un sentiment similaire est attribué à un patriarche, un prophète ou un autre personnage biblique ? Les commentaires sur les Saintes Écritures définissent la *haine* dans la Bible comme une préférence pour une chose par rapport à une autre. Ainsi, lorsque les Écritures disent que Dieu « hait le mal », cela doit être interprété dans le sens qu'il préfère le bien au mal. Dans certaines traductions de la Bible, il est écrit que Jacob haïssait Léa et aimait Rachel, ce qui signifie qu'il préférait Rachel à Léa en tant qu'épouse et lui accordait plus de faveurs, étant donné qu'il l'aimait davantage (Genèse 29:30-31).

L'herméneutique scripturaire fait apparaître que le mot *haine* n'est pas toujours utilisé dans la Bible comme il l'est généralement en français, avec une connotation négative voire malveillante. Lorsque nous faisons l'expérience de la haine extériorisée, en particulier lorsqu'elle celle-ci est associée à la colère, elle est effectivement presque toujours malveillante, mais quand elle est maîtrisée et dirigée vers le vrai bien, elle peut être orientée vers des fins vertueuses. La haine en tant que passion au sens neutre est une composante de la nature humaine créée par Dieu, afin d'aider les hommes à rejeter une chose au profit d'une autre. Il est gênant et d'une certaine façon regrettable qu'en français, le même mot soit utilisé pour désigner la malveillance, et un aspect naturel de l'être humain.

Dans son second sens, le mot *passion* peut être utilisé pour désigner un intérêt ou un désir puissant. Je peux avoir de l'intérêt pour le foot, ce qui n'est pas moralement répréhensible, mais si je m'y attache tellement que cela me pousse à mal agir ou à pécher, alors c'est devenu une passion. Les jeux de hasard ne sont pas moralement répréhensibles si on s'y adonne avec modération et à des fins récréatives, mais si mon habitude de jouer devient si profondément ancrée qu'elle se transforme en dépendance, alors j'y suis devenu trop attaché et elle peut devenir immorale.

> **Principe spirituel #13** : tout péché implique un attachement malsain à des créatures.

La seconde raison pour laquelle la volonté et l'intellect sont induits en erreur (l'usage inapproprié de la raison humaine ou une mauvaise prise de décision) est souvent liée aux passions. Dans le Nouveau Testament, il est question des passions égoïstes et déraisonnables et des désirs de la chair (Galates 5:24). Un peu de réflexion et des preuves empiriques révèlent combien les êtres humains peuvent se montrer égoïstes et déraisonnables.

La troisième raison est que l'habitude de pécher et de mal agir obscurcit et corrompt l'esprit, rendant plus difficile le discernement entre ce qui est véritablement bon et ce qui est spécieux et nuisible. La répétition des mauvaises actions représente une menace pour la santé spirituelle, car elle altère la conscience et dénature le caractère moral. Dans les Actes des Apôtres, les écailles qui tombent des yeux de saint Paul lorsqu'Ananie lui impose les mains sont un symbole d'aveugle-ment physique et spirituel (Acte des Apôtres 9:17-18). Le péché blesse spirituellement l'âme de la même façon que les blessures physiques abîment le corps. Le choix du mal nuit aux autres, mais il nuit tout autant au pécheur, si ce n'est plus.

Principe Spirituel #14 : toute rébellion mène à la mort.
Le salaire du péché est la mort (Romains 6:23).

Les remèdes à la présence du mal dans le monde sont l'obéissance à la volonté divine, l'exercice des vertus morales et intellectuelles, des prises de décisions éclairées, un esprit droit et un bon jugement. Une prise de décision éclairée repose sur un bon usage de la raison humaine.

Les messages communiqués par la culture moderne sont souvent en contradiction avec l'enseignement chrétien tradi-tionnel concernant la vie spirituelle. Un de ces messages est qu'il est possible de prendre des décisions morales en s'appuyant sur les sensibilités et émotions humaines. Cependant, la tradition chrétienne ne considère pas ces éléments comme un socle solide pour la prise de décisions morales. Associée à un peu de réflexion personnelle, elle nous rappelle qu'il existe de nombreux exemples dans nos vies où les sensibilités et les émotions ont révélé leur manque de fiabilité.

Il est largement recommandé de privilégier la raison éclairée par la grâce. L'habitude de prière joue un rôle crucial dans l'obtention de la grâce, et l'étude de la logique permet d'améliorer sa faculté de raisonnement. Par ailleurs, les sciences psychologiques constituent une source abondante d'informations utiles. Ainsi, des chercheurs ont découvert que les experts en résolution de problèmes possèdent trois avantages majeurs par rapport aux novices en résolution de problèmes : (1) ils emploient des principes de résolution plutôt que de se fier à des éléments superficiels, (2) ils raisonnent en avançant des prémisses aux conclusions, plutôt qu'à l'envers, à partir d'idées préconçues, et (3) ils pratiquent le regroupement, c'est-à-dire la capacité de la mémoire à rassembler des éléments de connaissance.

Il est également important de faire une distinction entre la certitude absolue et la certitude morale. Il fut un temps où les mathématiciens étaient convaincus que les mathématiques newtoniennes s'appliquaient à tous les phénomènes de l'univers, mais au XXe siècle, des mathématiciens et des physiciens ont remis cette idée en question. En vérité, il existe peu de choses dans la vie dont nous pouvons être absolument certains, et il est très ardu d'atteindre le degré de certitude absolue. En revanche, il est plus facile d'accéder à la certitude morale. Après une période de réflexion et d'analyse de tous les éléments, si les preuves vont dans un certain sens, alors je peux atteindre un niveau de certitude morale sur le sujet en question. Je n'en serai peut-être pas absolument certain, mais je peux être moralement convaincu de la vérité ou de la fausseté d'une affirmation, ou de la moralité ou de l'immoralité d'une action.

S'il est complexe d'appliquer le critère de certitude absolue à une réalité physique, cela devient encore plus problématique pour ce qui est de la réalité métaphysique. Pour avoir une discussion théologique, il est nécessaire de convenir de l'existence de trois choses qui ne peuvent être prouvées par la seule raison humaine, mais doivent être acceptées par la foi : Dieu, l'immortalité de l'âme humaine, et la vie après la mort. Le critère de la certitude morale est beaucoup plus facile à appliquer à ces éléments, car tout dans la vie me persuade de leur existence.

17

Le chemin de la Vie

BelCap et TimTop se tenaient à l'entrée du chemin de la Vie.

Du même âge, ils étaient allés à l'école ensemble, s'étaient liés d'amitié, avaient joué au baseball et au foot ensemble puis étaient sortis avec les mêmes groupes d'amis pendant leurs années de lycée.

Alors qu'ils se préparaient à emprunter des voies séparées, ils arrivèrent à un croisement. Sur leur gauche se déployait un large chemin couvert de fleurs, de buissons ornementaux et d'arbres fruitiers. Sur un panneau au début du chemin, on pouvait lire « Facilité et confort ». Un deuxième annonçait : « Plaisir pour les yeux », et un troisième « Le chemin est large et étroit. »

BelCap s'interrogea sur la signification de ce troisième panneau.

Un homme se tenait à l'entrée du chemin sur la gauche. Il était beau et semblait fortuné. Il portait un élégant costume, une cravate écarlate et un œillet pourpre à la boutonnière, et souriait avec chaleur. Son nom était Abaddon.

Sur la droite se trouvait un portail étroit, sur lequel étaient fixés deux panneaux qui disaient : « Christ » et « Véritable apostolat ». Un homme était debout à côté du portail, vêtu d'une robe usée jusqu'à la corde. Ses cheveux étaient en désordre et sa barbe négligée. Il portait des sandales et ressemblait à ces gens qui demandent de l'argent aux voyageurs, ces malchanceux à qui la vie ne sourit pas.

TimTop se demanda ce que cet homme faisait là.

BelCap se tourna avers TimTop et lui souhaita bonne chance pour la suite. Ils convinrent de se revoir un jour.

BelCap tourna à gauche, et le sourire de l'homme nommé Abaddon s'élargit encore. BelCap commença à avancer vers le chemin et remarqua qu'il était large, plat et facile à parcourir. Il était bordé de chaque côté de pierres en granite, et l'herbe entre les pavés était coupée avec soin. Les arbres étaient chargés de fruits à l'aspect savoureux et à portée de main. BelCap avait la certitude d'avoir fait le bon choix.

TimTop se dirigea vers l'homme à la robe abîmée et poussiéreuse et se demanda si celui-ci allait lui demander de l'argent. À en juger par son apparence et son odeur, l'homme avait accompli un long voyage. Il semblait avoir besoin d'un bon repas et d'un endroit pour dormir. Alors que TimTop se rapprochait du portail, l'homme le déverrouilla et l'ouvrit. Sans dire un mot, TimTop franchit le portail et se retrouva sur le chemin étroit.

Alors qu'il cheminait, BelCap aperçut d'autres panneaux similaires à ceux qui se trouvaient au croisement. Certains affichaient des flèches pointant vers la gauche ou la droite, d'autres non. On pouvait lire « Paresse », « Envie », « Orgueil » ou « Luxure ». Il les ignora et poursuivit son voyage.

TimTop marchait depuis un moment sur le chemin étroit, et il commença également à voir des panneaux portant les inscriptions : « Labeur », « Adversité », « Patience », et « Bonne volonté ». Se demandant s'il avait pris la bonne décision, il pensa à BelCap et à son cheminement. Plus loin, il aperçut des panneaux indiquant : « Foi », « Espoir » et « Prudence ». Se sentant quelque peu réconforté, il décida de continuer et se demanda si l'homme à la robe usée attendait toujours au portail.

Au fil des mois et des années, BelCap franchit de nombreuses étapes dans sa vie. Il se maria et fonda une famille. Le long de sa route, il rencontrait des panneaux qui disaient « Cupidité », « Superficialité », « Frivolité » et « Vanité ». Il se rappela avoir commis quelques petites fautes ici et là, comme cette brève aventure avec une jeune femme avant qu'elle ne s'installe dans une autre ville. Mais dans l'ensemble, BelCap était apprécié par ses pairs, et il gagnait bien sa vie.

TimTop se maria également, et il exerçait un emploi utile. Le chemin qu'il avait choisi devint plus étroit par endroits.

À plusieurs reprises, il passa devant des panneaux sur lesquels il lut : « Longanimité », « Endurance patience », « Justice » et « Force d'âme ». Une fois, il croisa un panneau où il était écrit : « Chemin de Croix ». Il n'oublia jamais l'homme à la robe usée.

De nombreuses années s'écoulèrent. Les enfants de BelCap avaient grandi et quitté la maison. Il était toujours marié à son épouse, mais c'était un couple malheureux. Sur le chemin, BelCap passa devant des panneaux qui disaient : « Avarice », « Colère » et « Gourmandise ». Il se souvint des fois où il s'était inutilement emporté contre sa femme et ses enfants. Il avait mangé et bu excessivement, et cela se voyait. Pendant une période, BelCap détourna des fonds de son employeur, des petits montants qui passeraient inaperçus. Lorsqu'il sentit que ses collègues commençaient à se douter de quelque chose, il postula à une autre emploi et fut embauché. Alors qu'il continuait à avancer sur le chemin, il remarqua que les arbres portaient de moins en moins de fruits, jusqu'à ce qu'il ne reste finalement que des feuilles dessus. Les fleurs qui bordaient autrefois le chemin avaient depuis longtemps disparu, et là où l'herbe poussait auparavant, il y avait désormais des feuilles et d'autres signes de l'automne. Les pavés n'étaient plus là, et il était plus facile de s'écarter du chemin. Il le faisait parfois, et revenait toujours déçu.

Les enfants de TimTop avaient également grandi et quitté la maison pour fonder leurs propres familles. Son chemin le mena dans une zone désertique où des panneaux portaient les inscriptions : « Abnégation », « La Sainte Croix », « Purification » et « Tempérance ». Il se sentait parfois découragé, devant les panneaux « Affliction » et « Épreuves », mais il trouvait du réconfort en voyant les panneaux « Récompense », « Accomplissement » et « Satisfaction ». TimTop ne regretta jamais d'avoir choisi ce chemin.

Pendant ses années de vieillesse, BelCap jouit d'une certaine richesse, mais le chemin sur lequel il avançait devenait de plus en plus désolé et étroit. Les arbres n'avaient plus de feuilles en hiver. De temps à autre, il lui semblait apercevoir une sauterelle, et il remarquait parfois sur son chemin un scorpion qu'il évitait soigneusement. Il écrasait les rares limaces et escargots qu'il rencontrait. Il passa devant des panneaux indiquant : « Égoïsme », « Arrogance » et « Amour de soi ». Un jour, il croisa un panneau portant l'inscription « Profanation » qu'il évita de justesse.

TimTop prit sa retraite et devint un vieil homme. En repensant à sa vie, il se rappela être passé par des périodes d'« Humiliation » et « Sacrifice », « Confiance en Dieu » et « Maîtrise de soi ». Lui et sa femme formaient toujours un couple heureux et s'occupaient souvent de leurs petits-enfants. Pendant cette période de sa vie, les panneaux qu'il rencontrait sur son chemin disaient : « Service », « Bénévolat », « Lumières » et « Conseils ». Il n'avait aucun regret quand il regardait en arrière.

Alors que BelCap approchait de la fin de sa vie terrestre, il rencontra un homme, debout à côté d'un portail. À environ cinq mètres devant le portail se tenait un autre homme, à côté duquel un panneau indiquait : « Manipulation et Tromperie ». Les deux hommes portaient des robes sales. Près du portail se trouvait un panneau sur lequel il lut : « La Terre de la Désolation ». L'homme à côté du portail esquissa un sourire et regarda fixement BelCap. Son nom était Apollyon. Malgré ces présages, une sensation de calme envahit BelCap, le genre de calme qu'on ressent avant une tempête. Il savait que son heure était venue.

L'homme nommé Apollyon n'ouvrit pas le portail. Ce n'était pas son travail. Il attendit un moment avec BelCap tandis que l'autre homme les observait. Le portail s'ouvrit tout seul, et BelCap s'avança dans sa direction. Lorsqu'il passa devant l'homme appelé Apollyon, il remarqua une légère odeur qui lui rappela celle d'un reptile ou d'un sac de vers de farine. Apollyon sourit.

TimTop approchait aussi de la fin de sa vie. Il passa devant des panneaux sur lesquels il était écrit : « Charité » et « Vertu ». Il croisa un homme qui se tenait devant un panneau portant l'inscription : « Gardien et Guide ». TimTop se sentit apaisé. Un peu plus loin, il vit un autre panneau qui disait : « La Terre des Vivants ».

TimTop savait que son chemin de vie touchait à sa fin, et alors qu'il endurait une dernière maladie, il aperçut des panneaux avec les inscriptions : « Tolérance » et « Indulgence ». Le dernier panneau qu'il vit avant de sombrer dans le sommeil indiquait : « Charité parfaite ».

Alors que BelCap franchissait le portail, il perdit conscience. En se réveillant, il fut aveuglé par une obscurité profonde, comme s'il n'avait jamais possédé le sens de la vue. Les ténèbres étaient plus noires qu'un ciel nocturne, et l'absence de lumière ou d'autre chose était totale. Derrière lui, il entendit une voix grave et rauque, claire et menaçante… « Huu, huu, huu, huu, huu… » Il se sentait observé par quelque chose devant lui, mais il n'en était pas certain. Soudain, il eut l'impression que le sol se dérobait sous ses pieds et il se sentit tomber dans un gouffre. La dernière chose dont il se rappelait était d'avoir crié : « JE VEUX VIVRE ! JE VEUX VIVRE !! »

Lorsque TimTop se réveilla, il se trouvait dans un jardin orné des fleurs les plus splendides qu'il avait jamais vues. Dans son esprit défilèrent toutes les images de sa vie. Devant lui, de l'autre côté du jardin, il vit un Être de Lumière, rayonnant de chaleur et de bienveillance. TimTop se sentit accueilli, comme si sa présence ici, à cet instant précis, était la raison de son existence, comme si l'Être de Lumière l'attendait depuis très longtemps. TimTop comprit que l'heure de son jugement avait sonné…

TimTop se rendit compte que l'Être de Lumière lui posait une question, même s'il n'entendait pas sa voix. Ce n'était pas une question audible, mais une impression qui emplissait son être entier. Il ne pouvait penser à rien d'autre à ce moment-là.

« Qu'as-tu fait de l'Amour que je t'ai donné ? »

Alors qu'il passait en revue dans son esprit les scènes de sa vie, TimTop ne répondit pas tout de suite. Avec une certaine tristesse et hésitation, il s'apprêta à parler, mais avant qu'il puisse le faire, une voix profonde, claire et distincte comme si elle venait du plus profond de son être, s'éleva :

« J'ai fait de mon mieux. »

Carte spirituelle

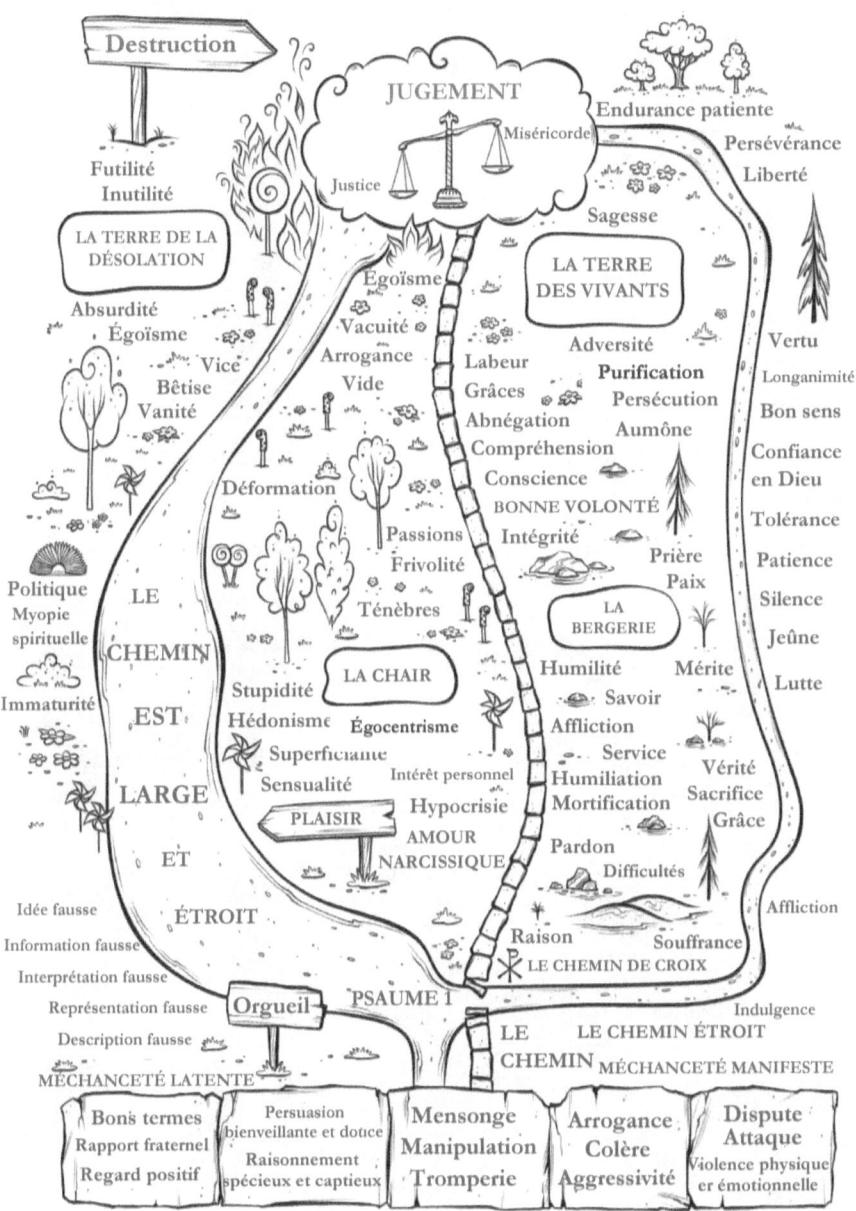

Destruction

JUGEMENT

Miséricorde

Justice

Endurance patiente

Persévérance

Liberté

Futilité
Inutilité

Sagesse

LA TERRE DE LA
DÉSOLATION

Égoïsme

LA TERRE
DES VIVANTS

Absurdité
Égoïsme

Vacuité

Adversité

Vertu

Vice
Bêtise
Vanité

Arrogance
Vide

Labeur
Grâces
Abnégation
Compréhension
Conscience

Purification

Persécution

Aumône

Longanimité

Bon sens

Confiance
en Dieu

Déformation

BONNE VOLONTÉ

Tolérance

Passions
Frivolité

Intégrité

Prière
Paix

Patience

Politique
Myopie
spirituelle

LE

Ténèbres

LA
BERGERIE

Silence

CHEMIN

Jeûne

Immaturité

EST

Stupidité

LA CHAIR

Humilité

Mérite

Lutte

Hédonisme

Égocentrisme

Savoir

Affliction

LARGE

Superficialité
Sensualité

Intérêt personnel

Service
Humiliation
Mortification

Vérité
Sacrifice
Grâce

PLAISIR

Hypocrisie

ET

AMOUR
NARCISSIQUE

Pardon

Difficultés

ÉTROIT

Affliction

Idée fausse

Raison

Souffrance

Information fausse

LE CHEMIN DE CROIX

Interprétation fausse

Représentation fausse

Orgueil

PSAUME 1

Indulgence

Description fausse

LE
CHEMIN

LE CHEMIN ÉTROIT

MÉCHANCETÉ LATENTE

MÉCHANCETÉ MANIFESTE

| Bons termes
Rapport fraternel
Regard positif | Persuasion
bienveillante et douce
Raisonnement
spécieux et captieux | Mensonge
Manipulation
Tromperie | Arrogance
Colère
Aggressivité | Dispute
Attaque
Violence physique
er émotionnelle |

18

Le principe du « À la fois-Et »

Un principe utile en théologie et dans la vie spirituelle est celui que j'appelle le principe du « À la fois-Et », aussi connu sous le nom de principe du « Mais-Aussi ». Il permet de garder à l'esprit deux aspects en apparence inconciliables et même contradictoires d'une réalité physique et métaphysique. La clé de son efficacité tient à une interprétation reposant à la fois sur l'équilibre et la bonne volonté.

Le principe « À la fois-et » s'applique, sans s'y restreindre, aux enseignements suivants de la doctrine chrétienne :

a) La Sainte Trinité consiste en trois personnes divines et un seul Dieu.

b) Dieu est *à la fois* trois *et* un.

c) Dieu est trois, *mais* il est *aussi* un.

• • •

a) Jésus Christ est une personne divine avec deux natures, l'une divine et l'autre humaine.

b) La personne divine de Jésus Christ possède *à la fois* une nature divine *et* une nature humaine.

c) Jésus Christ a une nature divine, *mais* il a *aussi* une nature humaine.

. . .

a) L'Église chrétienne est de ce monde et du suivant.

b) L'Église est *à la fois* temporelle et terrestre *et* spirituelle, céleste, et éternelle.

c) L'Église est temporelle et terrestre, *mais* elle est *aussi* spirituelle, céleste et éternelle.

. . .

a) L'Église est humaine et divine.

b) L'Église possède *à la fois* un élément humain *et* un élément divin.

c) L'Église est humaine, *mais* elle est *aussi* divine.

. . .

a) Il y a du matérialisme et de la division au sein de l'Église, et pourtant il y a aussi de la sainteté et de l'unité.

b) L'Église est *à la fois* matérielle et divisée, *et* une et sainte.

c) L'Église est matérielle et divisée, *mais* il existe *aussi* de la sainteté et de l'unité en son sein.

· · ·

a) Les Écritures sont la Parole de Dieu formulée en langage humain.

b) Les Écritures sont *à la fois* la Parole inspirée de Dieu *et* un ensemble de textes historiques.

c) Les Écritures sont inspirées, *mais* elles sont *aussi* un recueil d'écrits humains élaboré sur plusieurs siècles, qui a nécessité beaucoup de travail et d'intelligence de la part des hommes.

· · ·

a) L'être humain est corps et âme.

b) L'être humain est composé *à la fois* d'un principe spirituel qu'on appelle âme *et* d'une substance corporelle qu'on appelle corps.

c) L'être humain a un corps, *mais* il a *aussi* une âme.

· · ·

a) L'être humain est mortel et éternel.

b) L'être humain est *à la fois* mortel pour ce qui est de cette vie *et* éternel pour ce qui est de la vie à venir.

c) Les êtres humains sont mortels, *mais* nous sommes
    aussi éternels.

• • •

L'apparition de l'hérésie dans l'Église s'explique notamment par le fait qu'elle met l'accent sur un aspect de la vérité d'une réalité physique ou métaphysique, tout en atténuant l'autre aspect. Certes, il existe différents degrés d'importance entre les deux parties du principe « À la fois-Et » (par exemple, la divinité est plus importante que l'humanité), mais les deux parties restent néanmoins vraies.

Pour mieux comprendre, on peut évoquer l'image d'une balançoire à bascule. L'une des choses les plus fondamentales dans la vie est l'équilibre, et plus encore, la bonne volonté. Nous nous efforçons de maintenir la balançoire en équilibre, malgré les différents degrés d'importance, et nous avons recours à la bonne volonté pour interpréter, non pas selon notre volonté propre et nos préférences, mais selon la doctrine chrétienne établie.

19

Mouvements et décisions binaires

Comme mentionné précédemment, la décision binaire prise par le noyau de tous les ordinateurs est celle entre 1 et 0. Tous les calculs effectués par les ordinateurs découlent de cette décision de base fondamentale.

Les êtres humains ont aussi un noyau, que nous appelons *cœur*. Celui-ci est au centre de notre être, c'est le niveau le plus profond de notre humanité. Cependant, les êtres humains ne sont pas des ordinateurs, et malgré la puissance de calculs immense des machines d'aujourd'hui et leur potentiel quasi-illimité, les ordinateurs ne posséderont jamais un cœur et un esprit humains. Nous sommes d'avantage qu'un choix binaire, et la grâce n'est pas octroyée aux ordinateurs. Les ordinateurs sont plus complexes que les êtres humains par certains aspects seulement. Ils ont leur propre forme de complexité, tout comme en tant qu'êtres humains, nous possédons des facultés de volonté et d'intellect qui nous confèrent un niveau de complexité que les ordinateurs n'atteindront jamais, malgré les débats en cours sur la possibilité qu'ils acquièrent un jour une conscience.

Les analogies ou les métaphores sont toujours imparfaites, et on ne peut réduire l'être humain à un mécanisme binaire, et ses mouvements spirituels et ses décisions rationnelles à un système binaire. Malgré tout, tout comme le psaume 1 est une simplification – nous avons le choix entre deux voies, celle du haut et celle du bas, et deux destinations finales et éternelles, le paradis et l'enfer – cette simplification reste juste et bénéfique. De la même manière, le cœur, la volonté et l'esprit humains sont des objets d'études fondamentaux dans la vie spirituelle, bien qu'ils soient irréductibles, et il est utile de rendre compte de leurs aspects binaires, même si cette approche est une simplification. Einstein, qui saisissait la complexité des mathématiques mieux que quiconque, disait que si l'on n'est pas capable d'expliquer une chose en termes simples, c'est qu'on ne la comprend pas réellement.

Premier mouvement spirituel du cœur humain

Le premier mouvement du cœur humain est toujours l'amour, un mot ambigu et changeant en français. Un *mouvement* spirituel est différent d'une *décision* rationnelle et consciente, prise après un raisonnement discursif et intuitif. Le premier mouvement de l'amour est une impulsion ou un élan spirituel qui émane du plus profond de nous-mêmes et qui n'est pas totalement sous notre contrôle conscient, ni soumis à un processus de décision immédiat. Nous pouvons cependant y répondre, une fois qu'il s'est produit par des actes intérieurs ou extérieurs, et au fil du temps il peut se renforcer ou diminuer. La grâce peut aussi y jouer un rôle, mais toujours dans le but de nous rapprocher de Dieu et de nous aider à atteindre le salut. La *formation* est le terme qu'on utilise pour désigner le processus continu qui se déroule dans le temps, par lequel nos actes, intérieurs et extérieurs, interagissent avec la grâce divine si celle-ci est effectivement accordée.

L'amour spirituel est toujours tourné au-delà de lui-même vers un objet extérieur à lui-même. Il privilégie et choisit un objet que nous appelons le bien, que celui-ci soit réel (vrai, authentique) ou perçu (imaginaire, faux). Notre cœur aime spirituellement ce qu'il identifie comme bien et hait ce qu'il identifie comme mal, mauvais, inférieur, ou défectueux.

Un problème se pose cependant, car les mots *amour*, *haine*, *bien* et *mal* sont relatifs et leur sens est souvent flou. Certaines traductions de la Bible utilisent le mot *haine* là où un autre mot ou une autre expression serait plus pertinent, mais les éditeurs souhaitent que leurs traductions soient élégantes et ont tendance à éviter les mots ou tournures qui peuvent paraître lourdes ou sont peu employés. L'élégance n'étant pas ma priorité première, je peux me permettre d'employer d'autres mots afin d'éviter les connotations négatives associées au mot *haine*.

Premier mouvement binaire du cœur humain

Amour	Haine
Affection	Aversion
Attirance	Répulsion
Inclination	Réticence
Préférence	Défaveur
Prédilection	Désamour

Il est important de noter que le premier mouvement du cœur humain est inconstant, changeant voire capricieux, et qu'il nous surprend parfois. Nous ne nous arrêtons pas souvent pour réfléchir à cette impulsion immédiate à l'instant où elle se produit, mais il est possible de le faire a posteriori. Malgré cela, nous avons tendance à réagir à cette impulsion puis à passer à autre chose.

Notre cœur a pour ainsi dire sa propre raison, et ce n'est pas une chose qu'on peut changer du jour au lendemain, par un simple acte de la volonté ou par le raisonnement. Certains désirs et impulsions sont particulièrement difficiles à surmonter, par exemple quand on aime quelqu'un qui ne nous rend pas notre amour, ou qu'on désire quelque chose qu'on ne peut pas avoir. Si l'impulsion est trop forte, on risque de tomber dans la désillusion, la tristesse, la jalousie, et de réagir de façon non aimante, voire haineuse.

Deuxième mouvement spirituel du cœur humain

Le deuxième mouvement du cœur humain est le mouvement qui oscille entre l'intérêt et le désintérêt. En analysant ce que nous ressentons, nous constatons que certaines choses nous attirent tandis que d'autres nous laissent indifférents. Je ne dis pas que ce mouvement suit nécessairement le premier de façon chronologique, ou que la volonté et l'intellect ne jouent aucun rôle dans ce qui suscite notre intérêt ou notre désintérêt. Je suggère simplement que le deuxième mouvement se produit en même temps ou après le premier, et qu'il émane du plus profond de nous-mêmes.

L'impulsion naturelle de l'intérêt et du désintérêt a un caractère spontané. On ne peut pas toujours déterminer qui ou ce qui nous intéresse ou ne nous intéresse pas. Ce mouvement semble être automatique plutôt que volontaire. Nous rencontrons des gens qui suscitent immédiatement notre intérêt, tandis que d'autres nous intéressent peu, voire pas du tout. Certains se découvrent dès leur jeunesse un intérêt pour un domaine d'étude ou un métier, sans vraiment savoir pourquoi.

Au fil de notre existence, on remarque que nos intérêts et désintérêts varient et évoluent. Il arrive que nous nous désintéressions de quelque chose qui nous fascinait autrefois, ou à l'inverse, que nous développions un intérêt pour quelque chose qui nous semblait ennuyeux ou sans intérêt auparavant. Certains intérêts se renforcent avec le temps, tandis que des désintérêts peuvent devenir des aversions. Tout survient d'une façon qui échappe en partie à notre contrôle. Le cœur a sa propre raison.

Troisième mouvement spirituel du cœur humain

Le troisième mouvement du cœur humain, qui s'inscrit dans la continuité des deux premiers, est celui qui oscille entre l'acceptation/l'approbation et le rejet/la désapprobation. Comme les deux autres, ce mouvement est à la fois puissant et potentiellement dangereux. L'objet ultime de notre amour doit toujours être Dieu, puisqu'il a conçu notre nature ainsi, et tout péché repose sur un attachement malsain à des créatures. Ceci doit être accepté comme un *a priori* ; il est impératif que nous aimions et acceptions ce qui vient de Dieu, et que nous désapprouvions et rejetions ce qui est contraire à sa volonté.

C'est pour cette raison que la prière, la vie spirituelle et l'introspection sont indispensables à la croissance spirituelle et au salut. En explorant notre être intérieur, si nous découvrons des mouvements, et Dieu nous en préserve, des habitudes qui vont à l'encontre de notre bien ultime, il nous revient de les combattre par des décisions conscientes et des actes de notre libre arbitre. Si nous constatons que notre cœur est aligné avec notre bien ultime, nous pouvons considérer cela comme une grâce et la plus grande des bénédictions. Sinon, nous avons du travail à accomplir.

Ce que je veux dire par là, c'est que nous ne sommes pas prédéterminés par ce qui émane du cœur. La volonté et l'intellect ont toujours leur rôle à jouer chez la plupart d'entre nous, et nous demeurons libres, bien que nous restions parfois un mystère pour nous-mêmes. Les actes forment les habitudes et les habitudes forment les dispositions. Nous avons une influence sur la formation de notre être profond ; les mouvements de notre cœur ne nous déterminent pas, même si nous ne pouvons pas leur échapper. Cependant, la manière dont nous réagissons à ces mouvements constitue soit une acceptation, soit un rejet.

Les décisions binaires de la volonté soutenue par l'intellect

La volonté fonctionne de façon plus consciente et rationnelle que l'amour spirituel qui émane du cœur, mais elle présente également un caractère binaire. La volonté choisit toujours le bien et rejette le mal. Même si le processus décisionnel est plus conscient et délibéré que les mouvements spirituels du cœur, notre pouvoir de choisir le bien n'est ni absolu ni complètement absent, sauf peut-être pour les individus atteints de folie. La liberté se définit comme la capacité de choisir le bien, mais nous ne sommes libres que dans une certaine mesure. Plus nous sommes vertueux, plus nous avons la liberté de choisir le vrai bien. Plus nous sommes habités par le vice, moins nous avons le pouvoir de choisir le vrai bien.

La mauvaise volonté est la manifestation du pouvoir de choisir le faux bien, mais elle n'en reste pas moins un pouvoir. Les êtres humains ont un besoin inné d'exercer un pouvoir d'une manière ou d'une autre, et ceux qui exercent la mauvaise volonté satisfont ce besoin de façon nuisible, tant pour eux-mêmes que pour les autres. Beaucoup de mal en ce monde est imputable à la mauvaise volonté, et son pouvoir est indéniable. Quant à la bonne volonté, elle est souvent perçue comme une forme de faiblesse, car ceux qui la pratiquent renoncent délibérément à nuire à autrui, tout en restant exposés à la mauvaise volonté. Cependant, cet état des choses est limité à ce monde temporel, car il y a un avenir, un avenir éternel, dans lequel Dieu récompense et punit.

Décisions binaires de la volonté

Amour	Haine
Bonne volonté	Mauvaise volonté
Bienfaisance	Malfaisance
Altruisme	Égoïsme
Charité	Égocentrisme
Vertu	Vice

Le principe fondamental qui gouverne toute l'histoire est le conflit entre le bien et le mal, et le choix le plus essentiel et durable que nous faisons tout au long de notre vie est celui entre le bien et le mal, la bonne volonté et la mauvaise volonté. Toutes les interactions humaines, toutes les sociétés et toute l'histoire sont influencées et façonnées par cette décision binaire, de la même manière que les calculs des ordinateurs découlent du choix entre 1 et 0. Une vie de bonne volonté mènera à une abondance de 1, que nous appelons mérite. Une vie de mauvaise volonté aboutira à une faillite, constituée de 0. Lorsqu'arrivera le jour de notre jugement, à la fin de notre existence terrestre, nous verrons le capital que nous avons accumulé grâce à notre bonne volonté, et les dettes que nous avons contractées par notre mauvaise volonté.

Les relations représentent la priorité essentielle dans la vie. Celles qui sont fondées sur l'affection, l'intérêt, l'acceptation et la bonne volonté durent dans le temps et aboutissent à des amitiés profondes et à des liens de charité. Celles qui sont marquées par le détachement, le désintérêt, le rejet et la mauvaise volonté conduiront inévitablement à des conflits et à de l'hostilité. Les anciens prisonniers affirment qu'en prison, les amis n'existent pas. Y a-t-il des raisons de penser qu'ils existent en enfer ?

20

Les Écritures et l'Histoire

Il convient d'être prudent lorsqu'on apprend l'histoire et les sciences à partir de la Bible. Les Écritures sont un recueil de documents historiques, et beaucoup de ses livres constituent des sources historiques d'une valeur inestimable pour la recherche et l'étude. Cependant, la Bible n'est pas un livre d'histoire au sens ordinaire, ni un livre de sciences, bien qu'elle décrive une cosmologie ancienne.

Nos sources historiques (c'est-à-dire les documents écrits subsistants) sont notoirement peu fiables en ce qui concerne les faits. Cette observation est valable pour les documents de l'Antiquité, mais aussi pour ceux de la période médiévale et des débuts de l'époque moderne. Pour être interprétés correctement, les livres de la Bible doivent – comme toute autre source historique – être comparés avec d'autres documents contemporains ou quasi-contemporains, qui présentent souvent une version différente des événements. Il convient également de prendre en compte les découvertes archéologiques, la doctrine théologique, les avancées anthropologiques, la spéculation raisonnable, les conjectures des historiens et le bon sens.

Il nous faut aussi veiller à ne pas interpréter trop littéralement les Écritures, tout comme d'autres écrits de l'Antiquité. Bien que les Écritures occupent une place à part en raison de leur inspiration divine, elles présentent des similitudes avec les autres textes de l'Antiquité. Comme ces écrits, la Bible est l'œuvre d'auteurs humains. Les Hébreux de l'Antiquité qui ont rédigé l'Ancien Testament et les Juifs chrétiens qui ont rédigé le Nouveau Testament, à l'instar des autres peuples de cette époque, avaient en écrivant une intention dont nous devons être conscients lorsque nous abordons ces textes aujourd'hui. Ceci nécessite une étude approfondie.

Les auteurs de l'Antiquité n'essayaient pas toujours de rapporter de façon factuelle des événements qui s'étaient produits, et une grande partie de leurs écrits étaient loin d'être factuels. Comme les sociétés modernes, les civilisations anciennes produisaient des œuvres littéraires fictionnelles. Même lorsqu'elles cherchaient à rendre compte des faits de façon factuelle, ceux-ci étaient souvent mêlés avec la fiction :

- Les Israélites, les Grecs, les Romains et d'autres peuples de l'Antiquité inventaient des histoires, des légendes et des mythes pour forger leur identité collective et expliquer l'origine et la raison d'être de leur tribu, cité-État, royaume, empire, etc. La narration publique était également une forme de divertissement, comparable à notre théâtre, notre télévision et notre radio.

- Homère (s'il a existé) a écrit *l'Illiade* et *l'Odyssée* pour relater les origines et l'histoire ancienne des peuples grecs. Personne ne prend ces écrits pour des faits réels, même s'ils peuvent être inspirés par des événements historiques. Nous reconnaissons ces histoires comme des mythes transmis oralement de génération en génération, racontés autour de feux de camp ou dans des théâtres en plein air, jusqu'à ce qu'ils aient finalement été mis à l'écrit. Ce processus a eu lieu sur plusieurs générations, et l'histoire a sûrement été modifiée et embellie à de nombreuses reprises. Ces textes ne sont pas considérés comme des écrits historiques, mais comme de la littérature avec un objectif spécifique.

- Les Grecs avaient leur panthéon de dieux pour expliquer des phénomènes naturels que nous expliquons aujourd'hui par la science. Personne ne croit que ces récits se soient réellement produits, et même à l'époque, il existait de nombreux sceptiques et athées (notamment Platon, Aristote et d'autres philosophes grecs).

- Les Écritures trouvent également leur origine dans la tradition orale. Transmises oralement pendant plusieurs générations, avec des modifications, elles ont finalement été transcrites à l'écrit par des scribes. Les rouleaux de papyrus ou parchemins ont été transmis et recopiés (avec des erreurs, des corrections, des ajouts, des omissions, etc.) et ont fini par se détériorer ou se décomposer avec l'âge. De nouvelles copies ont été réalisées (avec des libertés), et nous n'avons donc en notre possession aucune copie originale des livres de la Bible, bien que d'autres documents de l'Antiquité soient parvenus jusqu'à nous (écrits hébraïques, manuscrits de la mer Morte, écrits du Nouveau Testament). Le miracle de la grâce réside dans le fait que tout au long de ce processus, Dieu a inspiré et guidé les scribes, leur transmettant des vérités conduisant au salut. L'inspiration de Dieu est le ferment de vérité, et la Parole de Dieu dans les Écritures ne se retrouve dans aucune autre forme de littérature, qu'elle soit ancienne ou moderne. Néanmoins, ces documents restent des écrits humains. (Voir Principe « À la fois-Et ».)

- Virgile a écrit l'*Énéide* pendant le règne de l'empereur Auguste pour raconter les origines de Rome. Dans l'histoire qu'il inventa, la ville de Troie était le point de départ de la fondation de Rome. Personne ne prend cependant cette histoire pour une histoire vraie. Même à l'époque romaine, les gens étaient conscients qu'il s'agissait d'une œuvre littéraire de qualité, une histoire d'origine et d'identité bien plus spectaculaire que la véritable histoire, celle d'une insignifiante tribu latine qui s'établit sur les terres marécageuses autour du Tibre.

- Composé au Moyen Âge, *Beowulf* est un poème épique fondateur de l'identité et de l'histoire de l'Angleterre anglo-saxonne. Il a sans doute d'abord circulé oralement avant d'être retranscrit à l'écrit. Personne n'y voyait un récit historique, mais il a joué un rôle essentiel pour les Anglo-Saxons qui, comme tous les autres êtres humains, se cherchaient une identité ancrée dans le passé.

- Les Scandinaves ont créé la mythologie nordique. Elle n'est pas considérée comme de l'histoire, mais comme de la littérature avec une finalité particulière.

- Les récits originaux du Roi Arthur et des chevaliers de la Table Ronde, considérés comme de la bonne littérature par les amateurs de légendes arthurienne, relatant l'histoire d'un roi et d'un royaume médiéval presque parfaits, et non des faits historiques. Il s'agit d'une belle histoire écrite pour illustrer la façon dont un roi médiéval et ses vassaux devaient se comporter au sein d'une société médiévale idéale, malgré les défauts moraux de certains d'eux.

J'ai hésité à inclure les Écritures dans la liste ci-dessus, car elles forment une catégorie à part entière en tant que « Parole du Seigneur exprimée en langage humain ». Il est cependant important de garder à l'esprit qu'elles ont à l'origine été écrites pour des tribus sémitiques, parfois nomades, qui avaient une vision du monde et une forme de gouvernance théocratiques. Ces écrits sacrés procuraient une identité religieuse et politique commune, et constituaient une voie vers le salut à un peuple qui vivait dans des temps périlleux et incertains : « Dieu viendra nous sauver ». La conception actuelle du salut a toutefois mis plusieurs siècles à se développer. La croyance antique en Hadès a été abandonnée depuis longtemps, et même à l'époque de Jésus, les Sadducéens ne croyaient pas en la Résurrection.

Vous êtes libres de croire de façon littérale à l'histoire de la Création telle qu'elle est racontée dans la Genèse, mais la science a prouvé que les choses se sont passées autrement. Vous êtes libres de croire à l'ensemble de l'histoire de l'Exode, mais d'autres théories expliquent comment la migration hors d'Égypte a eu lieu. Vous êtes libres de croire aux miracles et aux plaies de Moïse et d'Aaron, mais l'étude de l'histoire montre que Dieu n'a pas réalisé de miracles aussi spectaculaires à d'autres périodes de l'histoire, pas même pour les Juifs persécutés pendant des siècles.

Le Nouveau Testament est jugé historiquement plus fiable que l'Ancien Testament, car il a été rédigé au Ier siècle de notre ère. Il doit néanmoins être interprété avec la même rigueur que l'Ancien Testament en ce qui concerne son aspect historique, en appliquant les principes de l'herméneutique. (Pour en savoir plus à ce sujet, vous pouvez consulter *The New Jerome Biblical Commentary*.) Il est essentiel que les personnes non-formées s'appuient sur le travail d'érudits et de commentateurs de la Bible qui consacrent leur vie à l'étude de ces documents anciens, plutôt que de se fier à leurs propres opinions et interprétations subjectives. Même en ce qui concerne la spiritualité dans la Bible, mieux vaut laisser l'interprétation aux experts.

~

Pour résumer, les points importants à retenir sont :

(1) Les deux principes fondamentaux à garder en tête au sujet des Écritures sont : (a) L'interprétation est primordiale, et (b) toutes les traductions sont des interprétations.

(2) Les Écritures ne sont ni un livre d'histoire, ni un ouvrage scientifique, psychologique ou littéraire, ni une œuvre appartenant à une discipline académique, excepté l'étude des Écritures, la théologie et la religion.

(3) La Bible constitue une bibliothèque de livres qui nous enseigne des vérités spirituelles menant au salut. Certains de ses livres relèvent de la fiction (Job, Tobie, Esther), mais la fiction peut enseigner des vérités. Il existe également des livres documentaires (les Évangiles, les écrits du Nouveau Testament), mais nous devons être prudents à ne pas interpréter ces récits et lettres de manière trop littérale. Un ouvrage documentaire n'est pas nécessairement complètement factuel, tout comme un ouvrage de fiction n'est pas nécessairement complètement faux.

(4) Aujourd'hui, nous utilisons les Écritures de façon quelque peu différente des Anciens. Les Écritures constituent pour nous une source historique de notre héritage judéo-chrétien et un guide vers le salut, nécessitant une interprétation correcte. Les Hébreux

de l'Ancien Testament recherchaient le salut, mais la conception qu'ils en avaient différait de celle des Juifs chrétiens du Nouveau Testament. Et depuis le Ier siècle de notre ère, la doctrine a continué à évoluer.

~

Ce qui a été dit plus haut ne devrait décevoir personne. Les auteurs des Écritures étaient avant tout des êtres humains vivant des existences humaines, et il est très improbable qu'ils aient expérimenté des phénomènes surnaturels d'une manière différente de la nôtre. Croire que la Bible est une source historique au sens littéral ne compromettra sans doute pas vos chances de salut, mais on peut raisonnablement supposer que Dieu a toujours agi avec les êtres humains de la même façon qu'avec nous aujourd'hui. Il est à peu près certain que la mer Rouge ne s'est pas ouverte comme on le voit dans le film *Les Dix Commandements*. Dieu accomplit indiscutablement des miracles, mais ces miracles sont généralement, voire toujours, discrets. Dieu peut être trouvé dans le bruit d'une brise légère (Livres des Rois 1, 19:12). Il ne semble pas faire dans le spectaculaire.

Du moins pas dans ce monde.

21

Introduction à la vie spirituelle, cinquième partie

La souffrance est un sujet épineux à traiter. Quoi qu'on en dise, il est difficile de la rendre attrayante, ou même tolérable. Par ailleurs, il est compliqué de convaincre les gens que la sainteté personnelle est un bien immense qui devrait être poursuivi, car ils sont souvent paresseux en ce qui concerne les choses spirituelles, et savent intuitivement que la sainteté implique des sacrifices et de la souffrance.

Le chemin vers la sainteté nécessite toujours :

1. Des sacrifices – ce à quoi nous renonçons de notre propre gré

2. Des souffrances – elles surviennent dans notre vie, que nous poursuivions ou non la sainteté

3. Des pertes – ce qui nous est enlevé, soit à cause des aléas de la vie, soit par Dieu pour notre bien suprême.

Principe spirituel #15 : pour obtenir quelque chose, il faut toujours renoncer à quelque chose.

Puisque nous sommes censés accepter la souffrance pour notre bénéfice spirituel, il est utile de comprendre la nature de la souffrance. Saint Paul distingue deux formes de souffrance : une qui mène à la vertu, et l'autre à la mort. La deuxième forme, celle qui mène à la mort, se manifeste chez les pécheurs qui refusent de se repentir, ce qui les empêche de recevoir la grâce divine. Ce type de souffrance peut mener dans les cas les plus graves à la déstructuration de la personnalité et à de graves troubles mentaux. (Cela ne signifie pas que toutes les personnes atteintes de maladies mentales, même les plus sévères, sont des pécheurs.) Saint Jean-Marie Vianney nous rappelle que même les personnes attachées aux choses du monde ont leur croix à porter, et que toute croix implique une forme de souffrance. Il y a des « croix » qui ne conduisent pas au paradis, mais elles restent sources de souffrance. C'est ce que veut dire saint Paul quand il parle de la souffrance qui mène à la mort. Il n'y a ni rédemption, ni récompense au bout.

Toutefois, ces types de croix peuvent être bénéfiques, et Dieu permet la souffrance terrestre pour le bien spirituel. Il est important de garder à l'esprit que l'objectif de Dieu est toujours le salut de l'âme, et non la mort. Il permet la souffrance car celle-ci peut nous indiquer que nous nous égarons dans notre vie. Certaines personnes n'apprennent que par la souffrance, car elles sont tout simplement hermétiques aux conseils, aux réprimandes ou aux exemples. À l'image des toxicomanes qui vont dans des cliniques mais ne sont pas encore prêts à accepter de l'aide, car ils n'ont pas encore touché le fond. C'est seulement à ce moment-là que certaines personnes sont prêtes pour la conversion et la repentance, et par conséquent pour la première forme de souffrance qui mène à la vertu, à la guérison et à la plénitude.

> **Principe spirituel #16** : derrière chaque croix se cache au moins une grâce.

La souffrance qui conduit à la vertu est une participation à la Croix du Christ. Elle est particulièrement bénéfique pour l'âme, car elle apporte trois bienfaits importants dans la vie spirituelle.

1. Elle purifie, nettoie et guérit l'âme.

2. Elle détache l'âme des attachements malsains aux choses, qui peuvent nous détourner de la volonté de Dieu.

3. Elle dompte l'âme et la rend docile et réceptive à la grâce divine.

Ces trois bienfaits sont d'une importance capitale, et leur valeur ne peut être assez soulignée. Bien que la souffrance soit difficile à supporter et non désirée, Dieu y attache une grande récompense, ce qui est juste. Pourquoi Dieu offrirait-il ses plus beaux cadeaux pour des choses faciles ? Il en va rarement ainsi dans la vie. Les meilleures choses ne sont ni faciles ni gratuites, mais nécessitent des efforts, des sacrifices et de la souffrance. Il en va de même dans la vie spirituelle, où les meilleures choses impliquent également des efforts et des sacrifices. Notre Seigneur a révélé à sainte Faustine qu'Il ne récompense pas les sentiments positifs et le succès, mais la peine, les épreuves, la patience et la bonne volonté. De la même façon que le péché porte en lui-même une punition qui n'est pas infligée directement par Dieu, la souffrance comporte ses récompenses intrinsèques, même si seul Dieu peut les rendre efficaces dans la vie spirituelle. « Car hors de moi, vous ne pouvez rien faire » (Jean 15:5).

Dans la tradition chrétienne, on trouve des exemples de saints et de personnes saintes qui exaltent les bienfaits de la souffrance. Ils enseignent que si l'on en connaissait la vraie valeur, on en viendrait à la désirer. Ainsi, sainte Rose de Lima a écrit :

> Que tous les hommes sachent que la grâce vient après les épreuves. Qu'ils sachent que sans le fardeau des afflictions, nul ne peut atteindre le sommet de la grâce. Qu'ils sachent que les dons de la grâce augmentent avec les souffrances (…). Sans la croix, il n'y a pas de chemin vers le Ciel (…). La grâce ne se reçoit que par la souffrance. Pour participer intimement à la nature divine [sainteté], nous devons accumuler les épreuves (…). Personne ne se plaindrait de sa croix et des épreuves qu'il traverse s'il savait selon quels critères elles sont distribuées aux hommes.[4]

François de Sales prônait également la valeur de la souffrance, nous exhortant à vivre une mort vivante et une vie mourante. Bien que cela ne paraisse pas très inspirant, rappelons-nous qu'il enseignait à la lumière des épîtres du Nouveau Testament,

---

[4] Adapté de *La Liturgie des Heures,* Office des Lectures, 23 août., Mémoire de sainte Rose de Lima.

dans lesquelles il est dit que nous devons nous conformer au Christ crucifié qui « apprit, de ce qu'il souffrit, l'obéissance » (Hébreux 5:8).

La souffrance a beau être bénéfique dans la vie spirituelle, les maîtres spirituels chrétiens recommandent de ne jamais la demander, même dans un but de sanctification ou de purification. Ils nous conseillent plutôt de laisser Dieu décider du moment qu'Il juge bon pour envoyer des épreuves et des peines. Si nous Lui sommes fidèles, Il les enverra toujours au moment approprié. Il nous incombe d'être vigilants et de faire de notre mieux pour nous conformer à sa volonté.

> **Principe spirituel #17** : Dieu envoie tout ce dont nous avons besoin.

La littérature chrétienne offre une vision saine et pragmatique de la souffrance, à la fois motivante et réconfortante. Parmi d'autres, saint Augustin nous rappelle que la souffrance est inévitable et que nous devrions l'accepter en union avec la volonté de Dieu, pour notre bénéfice spirituel :

> Notre pèlerinage sur Terre ne peut être exempt d'épreuves, car nous progressons par les épreuves. Nul ne se connaît soi-même sans avoir été éprouvé, nul ne peut être couronné sans avoir vaincu, et nul ne peut combattre sans adversaires ou tentations.[5]

---

[5] Adapté de *La Liturgie des Heures,* Office des Lectures, Premier dimanche de Carême.

Comment concevoir une carte de bataille spirituelle

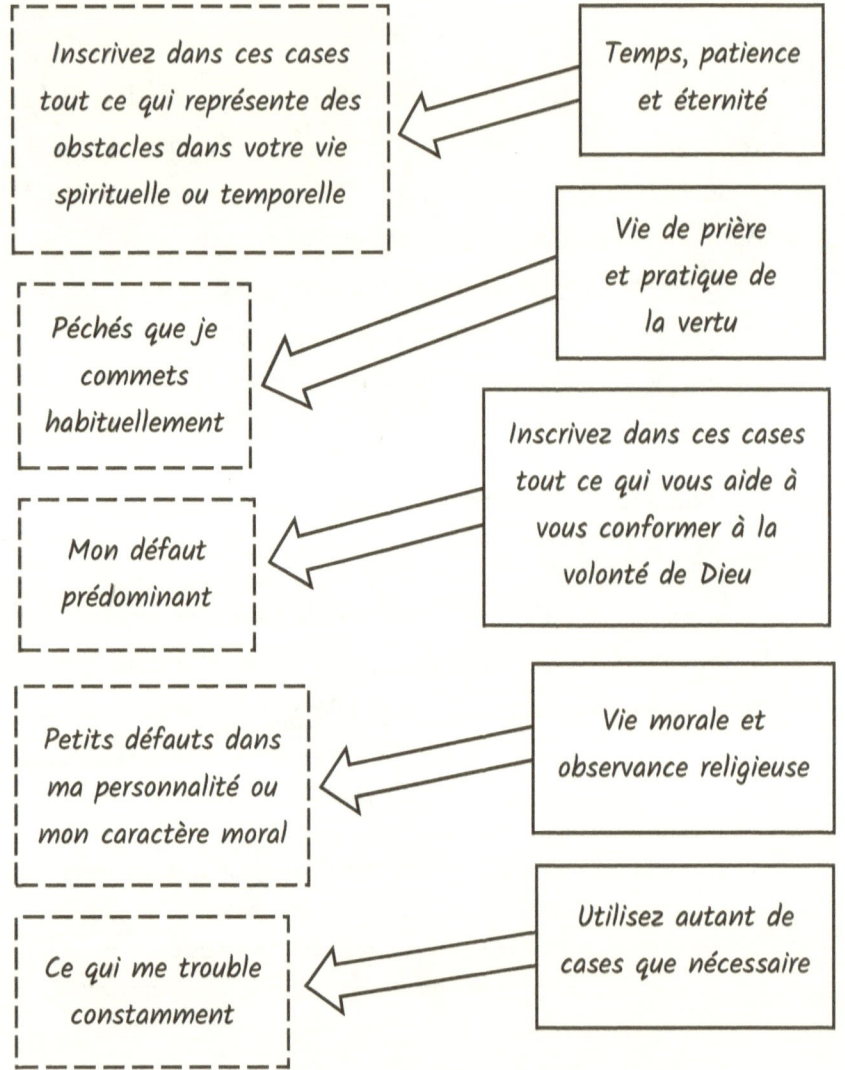

Inscrivez dans ces cases tout ce qui représente des obstacles dans votre vie spirituelle ou temporelle

Temps, patience et éternité

Péchés que je commets habituellement

Vie de prière et pratique de la vertu

Mon défaut prédominant

Inscrivez dans ces cases tout ce qui vous aide à vous conformer à la volonté de Dieu

Petits défauts dans ma personnalité ou mon caractère moral

Vie morale et observance religieuse

Ce qui me trouble constamment

Utilisez autant de cases que nécessaire

Carte de bataille spirituelle 20?? (Année)

22

Amplement le temps

Dans les régions infernales où demeurent en enfer
    Ces esprits éternels qui se rebellent à jamais
        Contre tout ce qui est Bien.

Et sur son pot de chambre il est assis
    Le premier dissident contre les Trois
        Sur son trône de souffre
            Seul
        Comme il ne l'aurait autrement souhaité.

Un jour il convoqua à son siège
    Ceux qui sont dépourvus de pieds
        Qui ne peuvent fuir loin de lui
    Pour s'enquérir de leur avis
        Sur le moyen d'augmenter sa récolte quotidienne.

« Éclairez-moi, suppôts ! » tonna-t-il,
    « Comment pourrions-nous les faire échouer !
        Mettez vos esprits à l'œuvre
    Pour les amener ici en plus grand nombre
        Jusqu'à notre vaisseau igné en morceaux ! »

Le premier s'approcha, tremblant
    Et captif
        Et lui parla de la fureur volcanique
            Qui dévore la chair des taureaux.
    « Dites-leur, monsieur :
        Qu'il n'y a pas de diable. »

« Idiot ! » cracha dans un souffle ardent
    Celui qui ne fait qu'hurler
        « Déjà éprouvé
            Et nombreux sont ceux qui par ce mensonge
            ont péri
            Et nous avons rôti ! »
    « Imbécile ! Va-t'en !
        Cette chaleur risque d'enflammer
            ton imagination
            Issue de ma majesté incandescente ! »

Un autre moins brave que le premier

    S'approcha du feu follet

        Avec une soif immense

    Et déclara à celui qui n'entend pas

        À qui nul n'est cher

            Et dont personne ne s'approche.

« Prince des voleurs et seigneur tribal

    Contemple l'épée

        De l'orgueil qui les fera gonfler

    Ampute-les de leur Créateur

        Dis-leur qu'il n'y a pas d'enfer. »

« Ignorant ! » dit celui

    Qui a cloué sur le Bois

        Celui qui est Amour

    « Ne crois-tu pas qu'ont été éprouvés

        Les quelques élus

            Que nous avons piégés avec cette ruse ! »

    « Va-t'en, bête, dans une cage

        De tourment et de rage

            Et mijote dans l'agonie ! »

Enfin un troisième
    Sans raison
        S'avança vers celui qui ne plie ni ne cède
    Face à aucune épée ni bouclier
        De foi ou d'espoir.

« Tente-les, roi du péché
    Et dans ce gouffre éternel
        Précipite-les dans la haine
    Puis dis-leur, en musique et en vers, ce chant insistant :

    « Il reste amplement le temps »

23

Nous-Eux

Les êtres humains semblent constamment à la recherche d'une opposition « Nous-Eux ». Nous avons tendance à forger notre identité individuelle et collective en nous opposant à d'autres personnes ou groupes que nous jugeons inférieurs, d'une manière ou d'une autre. Nous nous sentons mieux dans notre peau lorsque nous ne ressemblons pas à ceux dont nous nous différencions, que nous excluons, diffamons et parfois diabolisons. Nous avons le sentiment que notre place dans ce monde est plus sûre lorsque nous appartenons à quelque chose de bien plus grand que nous-mêmes et que nous ne sommes pas Eux, qui que nous soyons. Le rejet découle de cette vision du monde.

Comme si nous avions besoin de nous sentir supérieurs à quelqu'un ou quelque chose, et que l'humilité ne faisait pas partie de notre nature. Tout au long de l'histoire, nous nous sommes regroupés en tribus, clans, villages, villes, cités-États, royaumes, empires et nations. Si nous ne menons pas une guerre contre Eux, alors nous faisons partie d'une équipe ou en soutenons une, ou bien nous sommes membres d'un parti politique, et nous nous définissons partiellement par opposition à l'autre équipe ou parti. Nous formons des clubs, des communautés, des groupes et des cercles, afin d'éprouver un sentiment d'appartenance et de combler notre besoin humain fondamental de sécurité et de stabilité, et de nous définir par rapport à ce que nous ne sommes pas : Eux. Le nombre fait la force et l'identité.

À l'origine de tout ceci réside le principe fondamental de toute l'histoire, le conflit entre le bien et le mal, ainsi que la nature binaire de nos mouvements intérieurs spontanés vers le bien et le mal, et nos actes volontaires qui en découlent. Un problème survient cependant lorsque notre perception du bien et du mal est erronée, ou que nous ne choisissons pas le bien véritable, même si nous savons ce qu'il est.

Le paradigme horizontal Nous-Eux dans la société laïque correspond au Je-Tu vertical de la religion, dans laquelle nous élevons nos regards vers Dieu, le Tu suprême. Dans l'oppositions Nous-Eux, nous considérons les autres humains comme *autres* ou parfois *totalement autres*. Un sentiment d'exclusion et de rejet accompagne souvent le Nous-Eux, tandis que le Je-Tu entraîne plutôt un sentiment d'émerveillement et de respect. Dieu est perçu comme l'Être Suprême incompréhensible, Suprêmement Autre, et d'une Altérité Totale.

Le paradigme Nous-Eux s'applique dans la religion tout comme dans la société laïque. Historiquement, cela s'est manifesté dans le christianisme sous la forme d'un paradigme Église-Monde, où toute personne qui n'est pas membre de l'Église est par définition membre du monde. Ce paradigme est exprimé aussi en termes de Sacré-Laïc ou Saint-Profane. Une sorte d'*altérité* est associée au Monde, comme s'il n'y avait que la religion pour nous rassembler. Le monde est perçu comme étranger, extérieur, et rempli d'ennemis potentiels et réels. Cette *altérité* trouve ses racines dans les écrits du Nouveau Testament et des premiers évangélistes et théologiens chrétiens, mais elle revêtait pour eux une réalité et un sens que nous n'expérimentons plus au XXIe siècle. Un extrait d'un sermon de saint Cyprien, un évêque de Carthage qui vécut au IIIe siècle et est reconnu comme Père de l'Église, illustre bien cette vision :

> Le monde hait les chrétiens, alors pourquoi lui accorder votre amour au lieu de suivre le Christ, qui vous aime et vous a racheté ? Dans sa lettre, saint Jean nous exhorte à ne pas aimer le monde en suivant les désirs de la chair : *N'aimez ni le monde ni ce qui est dans le monde. Si quelqu'un aime le monde, l'amour du Père n'est pas en lui. Car tout ce qui est dans le monde – la convoitise de la chair, la convoitise des yeux et l'orgueil de la richesse – vient non pas du Père, mais du monde. Or le monde passe avec ses convoitises ; mais celui qui fait la volonté de Dieu demeure éternellement.*[6]

Une telle conception dans le monde moderne va à l'encontre de la raison, étant donné que l'Église a toujours fait partie du

---

[5] Adapté de *La Liturgie des Heures,* Office des Lectures, Vendredi, 34e semaine du temps ordinaire.

monde et que le monde a toujours fait partie de l'Église. Par ailleurs, le monde n'a pas toujours été mauvais – il existe beaucoup de bien dans le monde – tandis que l'Église n'a pas toujours été bonne – le mal existe dans l'Église. Les deux sont indissociables, et Dieu semble l'avoir voulu ainsi. Le Christ a été envoyé dans le monde non pour le juger, mais pour le sauver. (Jean 3:17).

Il est inévitable que les êtres humains forment des paradigmes Nous-Eux et Je-Tu, et il serait vain de chercher à les éliminer. Cela tient peut-être au fait qu'ils sont profondément ancrés dans la nature humaine, ou bien peut-être résultent-ils de la déchéance de notre monde et du conflit fondamental et ancien entre le bien et le mal. Nous avons besoin d'un mécanisme psychologique et spirituel pour opérer des distinctions, même si ce mécanisme en lui-même ne peut atteindre le véritable bien. Pour cela, l'intellect et la raison sont indispensables.

J'aimerais suggérer ici une façon plus bénéfique d'employer le mécanisme de distinction des paradigmes Nous-Eux. Il faut résister à la tentation de fonder ces paradigmes sur des critères tels que la croyance, la race, la couleur, la classe, la profession, la culture ou toute autre caractéristique de ce genre. Nous sommes naturellement attirés vers ceux qui nous ressemblent, mais lorsque des personnes de bonne volonté se rencontrent, les différences s'effacent et l'harmonie prévaut généralement. L'inverse est vrai, ou finira par l'être, des personnes de mauvaise volonté, même si elles sont liées par des liens profonds et des affinités sociales. Pour les chrétiens, le paradigme Nous-Eux ultime devrait opposer les personnes de bonne volonté (Nous) des personnes de mauvaise volonté (Eux).

Lorsqu'il s'agit de Dieu, la distinction la plus importante est la suivante : Bonne volonté-Mauvaise volonté. Nous rencontrons Dieu là où se trouvent des personnes de bonne volonté, et nous expérimentons l'absence de Dieu là où se trouvent des personnes de mauvaise volonté. Le plus grand mal qui soit est l'absence de Dieu, et l'endroit où cette absence se manifeste pleinement, c'est l'enfer.

En tant que chrétiens, nous sommes appelés à être le levain de la bonne volonté chez nous et dans la société, et à promouvoir une culture chrétienne afin que le Christ puisse être rencontré plus facilement dans le monde. La bonne volonté et la culture chrétienne sont présentes à toutes les époques, même parmi ceux qui ne se déclarent pas chrétiens. En effet, le Christ œuvre constamment pour sauver nos âmes, pas seulement durant sa vie terrestre, mais par l'intercession du saint Esprit et à travers ceux qui, en tout temps et en tous lieux, entendent sa parole dans leur cœur (Romains 2:12:16).

En redéfinissant notre paradigme Nous-Eux en Personnes de Bonne Volonté-Personnes de Mauvaise Volonté, nous pouvons également envisager de réviser notre paradigme Église-Monde en Culture Chrétienne-Culture Non-chrétienne. Nous découvrirons que ces paradigmes s'appliquent à nos interactions sociales dans le monde aussi bien qu'au sein de l'Église, et qu'une culture chrétienne existe dans le monde tout comme une culture non-chrétienne existe au sein de l'Église.

~

Le message central de ce livre et de tous les autres tomes de la série est le suivant : si vous vous ressentez un appel à vivre votre vie plus pleinement pour Dieu et à suivre le chemin de la sainteté, sachez que vous n'avez pas besoin d'être un héros-saint comme Jeanne d'Arc, qui a été brûlée vive sur le bûcher après avoir été livrée à ses ennemis par ses propres compatriotes. Vous n'avez pas non plus à être Thomas More, qui a été décapité pour sa foi par le roi qu'il servait. Vous n'êtes pas tenu d'être Jésus de Nazareth, qui a été crucifié par les chefs religieux de son époque après avoir été remis entre les mains de l'occupant étranger, ou encore Maximilian Kolbe, qui sacrifia sa vie pour sauver celle d'un autre. Vous n'êtes pas obligé d'être missionnaire ou prêtre, et vous n'aurez peut-être même pas à quitter votre foyer et à changer la vie que vous menez.

Vous devrez cependant faire preuve de bonne volonté. Et vous devrez obéir à la règle d'or et vivre selon les deux grands commandements de l'amour.

La caractéristique d'un saint est la pratique de la bonne volonté. Tous les saints partagent cette particularité, quel que soit leur contexte personnel et historique. Ils ont exercé la bonne volonté, en particulier lorsqu'ils étaient confrontés à la mauvaise volonté. Et plus ils ont fait preuve de bonne volonté face à la mauvaise volonté, plus leur charité est devenue héroïque. La charité héroïque, exigence essentielle d'un candidat à la sainteté, consiste à pratique la bonne volonté en présence de mauvaise volonté, à un niveau héroïque. Plus la charité héroïque est grande, plus le saint est grand.

La bonne volonté est la plume avec laquelle chaque saint rédige son histoire, tandis que la plume avec laquelle Dieu inscrit sa volonté dans nos vies est la plume de la grâce.

Croyez-vous aux miracles ?

Croyez-vous à la bonne volonté ?

Voulez-vous emprunter le chemin de la sainteté

Voulez-vous devenir un saint ?

Alors lorsque les nuages menaçants s'amoncellent
Et se referment autour de vous
Lorsque les cieux sont sur le point d'éclater
Et que la tempête semble imminente
Sachez que pour vous, le soleil brille
Ne pensez pas immédiatement à Lui demander
de la dissiper
Demandez-Lui plutôt de vous aider à la traverser
Car les tempêtes peuvent être
des bénédictions déguisées
Et il vous faut apprendre à faire confiance
Avoir une foi inébranlable
Une foi à déplacer les montagnes
Mais même si votre foi
A seulement la taille d'un grain de moutarde
Sachez qu'elle suffit
Car ce n'est pas la taille du don
Qu'Il recherche
Et une obole était tout ce que la veuve possédait

Demandez avec foi, et vos supplications seront entendues

Et vos prières seront exaucées

Et votre foi vous sauvera

Et tout ira pour le mieux.

Et lorsque vous regarderez derrière vous le dernier jour

À l'heure où vous vous retrouverez face à Lui

Vous vous souviendrez des tempêtes

Et vous vous souviendrez de son amour

Et vous saurez que vous avez toujours été

Dans la main de Dieu

24

Introduction à la vie spirituelle, sixième partie

Pour le Jugement dernier, il n'existe rien de plus essentiel dans la vie que les relations, en particulier notre relation avec Dieu. L'analyse des relations humaines, tout comme celle de l'amour, relève à la fois de la science et de l'art. Dans ce chapitre, j'aborderai la différence entre la contrition et le pardon d'une part, et le repentir et la réconciliation de l'autre.

Il est écrit dans l'Évangile que nous devons pardonner soixante-dix-sept fois (Matthieu 18:21-22). Notre Seigneur a été très clair sur le fait que le pardon est obligatoire (Matthieu 6:15), mais il a également enseigné qu'en dernier recours, nous pouvions nous détourner des pécheurs non-repentants (Matthieu 18:15-17). Comment concilier ces deux préceptes en apparence contradictoires ?

Bien que nous soyons tenus de pardonner à une personne lorsqu'elle exprime sa contrition, nous ne sommes pas obligés de nous réconcilier avec elle si elle ne manifeste pas de repentir. La contrition est différente du repentir. La contrition est un *sentiment* de regrets ou de remords. Le repentir implique quant à lui un *effort actif* pour cesser de faire le mal. Certaines personnes expriment des regrets mais continuent ensuite à mal agir. Nous ne sommes pas tenus de nous réconcilier avec elles, et nous avons parfaitement le droit de mettre entre elles et nous une distance physique, psychologique et sociale, tant que nous avons pris des mesures appropriées pour corriger le pécheur et le conduire à la repentance.

Il n'y a rien d'anti-chrétien ou de peu charitable à poser des limites. Le progrès dans la vie spirituelle dépend de notre capacité à pratiquer un juste amour de soi, et le juste amour de soi nécessite parfois de poser des limites. Si un pécheur a commis un péché grave contre nous et n'a manifesté aucun signe de repentance, nous sommes en droit de poser des limites pour nous assurer que cela ne se reproduise pas. De même qu'il existe des blessures que le temps ne guérit pas et des blessures que la grâce de Dieu ne guérira pas complètement dans cette vie, il existe aussi des relations qui sont irrémédiablement brisées et que les efforts humains ne suffisent pas à réparer. Certaines divergences sont irréconciliables, et seule l'intervention et la grâce de Dieu peuvent permettre une véritable réconciliation.

La réconciliation n'est pas un événement ponctuel, mais un processus et un projet, comme c'est le cas pour beaucoup de choses dans la vie. Dans certaines situations, il peut être préférable de confier l'autre personne à Dieu et à l'œuvre du temps et de la grâce, et d'espérer qu'en temps voulu, le grain de la conversion et du repentir sera séparé de l'ivraie de la paresse et de l'autosatisfaction.

La réconciliation peut être impossible s'il n'y a/s'il y a :

- Aucune tentative d'atténuer ou de réparer ses torts
- Aucune contrition ou aucun regret
- Aucun repentir ou aucune conversion
- Antipathie partagée / aversion mutuelle
- Antagonisme
- Méfiance mutuelle
- Dégoût mutuel

Dans les relations difficiles, lorsque tout le reste a échoué, nous pouvons toujours en toute bonne conscience pratiquer le silence et la dissociation. Si la vertu n'est rien de plus qu'un amour bien dirigé, comme l'écrivait sainte Faustine, alors la meilleure forme d'amour est parfois le silence, à l'exemple de Jésus qui garda le silence lors de son procès devant les membres de Sanhédrin. D'après saint Augustin, l'amour consiste à vouloir le bien d'autrui, mais vouloir le bien des personnes qui persistent dans leur mauvaise volonté ne signifie pas que nous devons leur parler ou les fréquenter. Selon Corinthiens 13:4-5, l'amour est patient, plein de bonté, pas envieux, il ne se vante pas, ne se gonfle pas d'orgueil et ne fait rien de malhonnête (v. 4-5), et selon Luc 10:29-37, l'amour est le Bon Samaritain. Si un pécheur est en grande détresse, nous devons lui apporter de l'aide, mais cela ne veut pas dire pour autant que nous devons lui accorder des récompenses sociales. L'amour tel qu'il est enseigné dans le Nouveau Testament ne demande pas de réconciliation avec les personnes qui refusent de se repentir.

Il faut savoir aussi qu'une personne joyeuse n'est pas nécessairement une personne de bonne volonté. L'amour décrit dans le Nouveau Testament va bien au-delà de l'affection ou d'un simple sentiment ou émotion. Nous nous révélons par nos actes. Même un pécheur peut faire preuve d'affection s'il cherche à manipuler ou tromper les autres. Le véritable amour se manifeste dans l'adversité, et c'est dans l'adversité que nous révélons notre véritable caractère. Il convient d'être prudent avec les personnes qui manifestent un amour affectif mais échouent à montrer un amour effectif, ou l'amour enseigné dans le Nouveau Testament. Nous sommes en droit de poser des limites et de refuser la réconciliation avec ces personnes si elles persistent à mal se conduire. Un juste amour de soi implique de savoir reconnaître les faux amis et les cadeaux empoisonnés.

En ce qui concerne les ennemis, la vengeance chrétienne est le pardon et le succès dans la vie morale et spirituelle. Selon George Herbert, la meilleure des vengeances est une vie bien vécue. Cela ne signifie pas pour autant que nous devions nous réconcilier avec nos ennemis s'ils refusent de se repentir. Si nous ne pouvons rien faire d'autre, nous pouvons les supporter avec patience et laisser le mal s'épuiser de lui-même.

Ce moment finira lui aussi par passer.

Parfois, la règle d'or est d'endurer patiemment les pécheurs, dans le silence et la dissociation :

- Faites aux autres ce que vous voudriez qu'ils vous fassent
- Ne faites pas aux autres ce que vous n'aimeriez pas qu'ils vous fassent
- Traitez les autres comme vous aimeriez être traité
- Quand rien ne marche, confiez cette personne à Dieu (la solution ultime)

25

Le Dieu des secondes chances

Si vous avez fait le mal, même pendant toute votre vie, et que vous souhaitez obtenir une seconde chance auprès d'une personne ou d'un groupe de personnes, sachez que vous aurez toujours cette chance. Personne, ni ici-bas ni dans l'éternité, ne pourra vous l'enlever. Dieu nous accorde le moment présent, et nous avons toujours la possibilité d'observer la règle d'or et d'obéir aux deux grands commandements : aimer Dieu et aimer son prochain. Il est en notre pouvoir de nous comporter au mieux et de donner le meilleur de nous-mêmes selon nos capacités. Nous pouvons toujours dire la vérité avec discernement et amour, agir raisonnablement, coopérer avec les bonnes intentions des autres, faire preuve de respect, pratiquer la bonne volonté, nous montrer humbles et non arrogants, et surtout, faire confiance au Dieu des secondes chances.

Il se peut que cela prenne tout une vie, mais que représente cette brève vie comparée aux temps infinis qui nous attendent dans l'éternité. Rien ici-bas n'est définitif, achevé, absolu ou irréversible tant que Dieu ne l'a pas décidé.

L'échelle des relations

Les relations sont la priorité absolue dans la vie

Comportement chrétien et adulte	**Amitié avec Dieu**	Haut niveau d'interaction morale et sociale
Compagnie chrétienne Saints du Nouveau Testament	**Humilité**	Vertu intellectuelle Vertu morale Vertu sociale
Relations et collaborateurs professionnels	**Charité**	Assistance et soutien mutuels
Bons termes Rapport fraternel Regard positif	**Vertu**	Liens d'affection, de confiance et de respect
Fautes morales et intellectuelles	**Narcissisme**	Normal, respectable, intelligent et utile
Offense et transgression	**Vice**	Relations cordiales
Patience Indulgence Silence Dissociation	**Méchanceté**	Comportement arrogant et égoïste
Inconnu, exclu, ennemi et étranger	**Péché**	Mal révélé = mal éliminé La Terre de la Désolation
	Démoniaque Diabolique Enfer	Le point de non retour

Face à une haine implacable, la réconciliation est impossible.

26

Introduction à la vie spirituelle, septième partie

Dans sa *Règle de saint Benoît,* saint Benoît enseigne à ses moines d'avoir chaque jour la mort devant leurs yeux (*RB* 4). Cette conscience quotidienne de la mort n'est ni une fascination morbide, ni une appréhension sinistre, mais plutôt une discipline spirituelle fondée sur un juste amour de soi. De la même manière, le livre *Préparation pour la Mort* écrit par saint Alphonse de Liguori n'est pas destiné à encourager une attitude pessimiste, bien qu'il l'ait écrit au XVIIIe siècle et que certaines de ses réflexions puissent être difficiles à saisir pour le lecteur contemporain.

L'eschatologie (du grec *eschaton,* final ou dernier) est un domaine de la spiritualité qui possède deux significations :

1. Les temps de la fin, ou la venue finale du Christ

2. Les quatre dernières choses : la mort, le jugement, le paradis et l'enfer

L'eschaton est une réalité que la plupart des gens préfèrent oublier ou mettre de côté, mais le juste amour de soi nécessite que nous fassions des efforts pour nous préparer au jour le plus important de notre vie, le jour où nous passerons de ce monde à l'éternité.

Saint Jean de la Croix disait que nous serions examinés sur l'amour lors de notre jugement, et qu'une partie de cet examen consisterait à évaluer la façon dont nous avons pris soin de notre vie spirituelle. Nos priorités dans la vie auront-elles été l'amour de Dieu, la volonté de Dieu et la gloire de Dieu, ou bien l'amour de nous-mêmes, notre volonté et notre gloire ? Jouir de la vie sans se soucier des conséquences pourrait coûter cher, et la facture finira par tomber. Le jour du Jugement dernier, la vérité sur notre vie sera révélée devant la Vérité elle-même. Il n'y aura ni plaidoyer, ni débat, et peut-être même pas de discussion. Nous nous verrons tels que nous le sommes vraiment et tels que Dieu nous voit, et non tels que nous voudrions nous voir, et les répercussions seront profondes. Un jour de souffrance dans l'au-delà nous fera oublier tout le plaisir que nous avons connue sur Terre. Nombreux sont ceux qui passent l'essentiel de leur vie adulte à se préparer pour leur retraite, sans avoir chaque jour la mort devant leurs yeux. Le juste amour de soi nous oblige à nous préparer à la mort.

Les Écritures enseignent que le cœur humain est un mystère, et les maîtres spirituels soulignent que nous ne savons pas toujours ce qui se cache au plus profond de notre cœur. Ne pensons pas que le jour du Jugement dernier, notre intellect rationnel fonctionnera de la même façon que pendant notre vie sur Terre. La psychologie a dévoilé l'existence d'un observateur caché en chacun de nous, qui suit tout ce que nous faisons et se souvient de tout. La vie spirituelle révèle que nous avons une conscience, et nous ignorons comment notre conscience et notre âme fonctionneront lorsque nous serons séparés de notre corps et que nous comparaîtrons au Jugement dernier.

Dans la vie spirituelle, la conscience est considérée comme l'essence même de notre être, l'endroit où nous sommes en communion avec Dieu. La conscience et l'observateur caché ne sont peut-être qu'un, mais ce qui est certain, c'est que les souvenirs sont conservés quelque part et évalués moralement longtemps après que notre esprit conscient les a oubliés. Aucun souvenir n'est définitivement effacé ou oublié, et nous ne nous éloignons jamais véritablement de nos mauvaises actions malgré l'oubli naturel et les mécanismes de défense que nous utilisons pour éviter de les affronter : répression, projection, déni, évitement, etc. Les mauvaises actions peuvent altérer notre jugement et nos désirs, et même si nous nous adonnons à la réflexion et à la méditation, nous ne savons peut-être pas tout ce qui est enfoui en nous, y compris nos désirs les plus profonds. Il est dangereux de ne pas être préparé à la mort. L'un des principes fondamentaux de la vie spirituelle est :

> **Principe spirituel #18** : on obtient toujours ce que l'on veut quand il s'agit de Dieu.

Sommes-nous véritablement conscients des désirs enfouis dans notre cœur ? Savons-nous réellement ce qui se trouve au plus profond de notre cœur tortueux ? Il existe pourtant d'autres principes spirituels qui contrebalancent le mystère de notre nature intérieure :

> **Principe spirituel #19** : Dieu récompense les efforts et non le succès.

> **Principe spirituel #20** : rien n'est impossible à Dieu.

Garder la mort chaque jour devant nos yeux et reconnaître la nature mystérieuse de notre être intérieur et le fait que nous sommes pécheurs ne devrait en aucun cas nous faire perdre espoir. Dieu ne nous a pas créés pour la mort, et rien ne lui est impossible. Il valorise les efforts plus que le succès. C'est à Dieu de conduire le train à la gare, mais c'est à nous de poser les rails. Nos efforts dans l'apostolat chrétien symbolisent notre désir de coopérer avec le plan que Dieu a pour chacun d'entre nous et d'atteindre le salut.

Dans la tradition monastique, l'un des Pères du désert enseigna que tout ce que nous accomplissons dans notre vie symbolise l'importance que nous accordons à notre relation avec Dieu ainsi que notre désir d'être sauvé.

> **Principe spirituel #21** : tout dans cette vie est symbole.

Pour garder la mort devant nos yeux en préparation du Jugement dernier et vous guider dans la méditation personnelle, je propose neuf préoccupations sacrées à méditer. Elles compteront certainement à l'heure de la mort :

Les neuf préoccupations sacrées de l'être humain

Personne   Ce que quelqu'un est véritablement devant Dieu ; personnalité, compétences et caractère moraux

Nom   La réputation d'une personne, fondée sur ses actes intérieurs et extérieurs durant sa vie

Vie   Tout ce que Dieu voit de la vie d'une personne et de son âme lors du jugement

Mission   Une tâche ou mission particulière confiée à certaines personnes seulement

Vocation   L'appel universel à la sainteté ; l'appel individuel et particulier de chaque personne dans la vie

Relation   La façon dont une personne a interagi avec les autres et les a servis au cours de cette vie

Dévotion   La façon dont une personne a vécu sa relation avec Dieu et l'a servi au cours de cette vie

Formation   La façon dont une personne a été formée et modelée tout au long de sa vie

Intégrité   Sainteté, degré de purification, perfection morale et spirituelle, etc.

Les neuf préoccupations sacrées constituent des critères pour réfléchir à la gloire et à l'honneur que nous espérons recevoir pour l'éternité. Plus nous coopérons avec le plan de Dieu et faisons preuve de bonne volonté, plus notre réputation pour l'éternité sera grande, plus nous serons dignes de gloire, et plus nous serons honorés. Selon les enseignements des saints et des maîtres spirituels chrétiens, il n'y a rien d'égoïste à de telles considérations.

Notre gloire éternelle a beau être importante, la gloire de Dieu l'est infiniment plus. Toute la création existe avant tout pour révéler la gloire de Dieu.

> **Principe spirituel #22** : la gloire de Dieu est le principe central et unificateur de toute la création.

La gloire de Dieu se réfère à la manière dont il sera connu pour l'éternité. Cela peut sembler égocentrique de la part de Dieu – ce qui reviendrait à dire centré sur Dieu – mais selon saint Irénée, la gloire de Dieu est que les êtres humains aient une vie en plénitude. *Vivre* ou *avoir la vie* dans ce contexte signifie non seulement avoir une vie temporelle, mais aussi participer à la vie divine et à la nature divine de Dieu (sainteté) ainsi qu'à sa béatitude éternelle (gloire). Ainsi, la gloire de Dieu est en réalité notre bien temporel et éternel, et Il est glorifié lorsque nous atteignons la perfection spirituelle.

Je conclurai ce chapitre par deux citations de Julienne de Norwich, qui illustrent l'insondable miséricorde de Dieu :

Principe spirituel #23 : dans l'éternité, le péché n'est rien.

Principe spirituel #24 : tout ira bien, tout ira bien en toutes choses.

27

Trésors et perles

L'Évangile selon Matthieu contient deux des versets les plus rassurants de toute la Bible :

> Le royaume des Cieux est semblable à un trésor qui était caché dans un champ et qu'un homme vient à trouver : il le recache, s'en va ravi de joie vendre tout ce qu'il possède, et achète ce champ. Le royaume des Cieux est encore semblable à un négociant en quête de perles fines : en ayant trouvé une de grand prix, il s'en est allé vendre tout ce qu'il possédait et il l'a achetée. (Matthieu 13:44-46)

La perle dans ce passage n'était pas cachée comme le trésor, mais elle a été trouvée par le marchand qui cherchait des perles fines. Dans le monde méditerranéen antique du temps de Jésus, la perle était aussi précieuse que des diamants ou de l'or pour nous aujourd'hui. Sa valeur ne résidait pas simplement dans son coût monétaire, mais elle était également très prisée pour sa beauté et sa rareté. À cette époque, une perle était ce que nous considérerions aujourd'hui comme « valant son pesant d'or », ou comme une référence en matière de richesse. Sa valeur était inestimable.

Contrairement à la perle, le trésor était délibérément caché, enterré comme l'étaient de nombreux trésors dans l'Antiquité afin d'éviter qu'ils ne soient dérobés par des brigands ou des armées en maraude. À la différence du marchand, qui était en quête de perles, le laboureur trouva le trésor par hasard. Ces deux histoires sont des métaphores pour illustrer la façon dont les êtres humains rencontrent Dieu. Le laboureur symbolise ceux qui ne recherchent pas activement le royaume de Dieu et vivent sans se soucier de la mort, du jugement, du paradis ou de l'enfer. Dieu a pourtant un plan pour eux, et il peut leur envoyer des grâces qui, même si elles ne ressemblent pas à des trésors à première vue, peuvent s'avérer par la suite être des bénédictions. Le travail, la souffrance, l'échec, et même des événements catastrophiques peuvent, à la fin de notre vie, se révéler plus précieux pour notre bien éternel que la richesse, les victoires et le succès. Dieu envoie aussi des trésors agréables sous la forme d'amitiés, d'un travail idéal, d'une mission ou vocation, ou d'autres biens précieux. Il existe des trésors de toutes sortes, et Dieu nous envoie tout ce dont nous avons besoin.

Le marchand, lui, a trouvé la perle après une recherche proactive. Il représente ceux qui vivent en pensant à leur mort et qui recherchent le royaume des Cieux. Mais que nous soyons marchand ou laboureur – et nous pouvons avoir été les deux à des moments différents de notre vie – nous devons reconnaître que Dieu a un plan pour chacun de nous. Le laboureur était destiné à découvrir le trésor du royaume des Cieux – ce n'était pas une pure coïncidence, mais l'œuvre de la providence. De même, le marchand n'a pas trouvé la perle seulement grâce à ses efforts, mais avec l'aide de Dieu. Il était destiné à trouver la perle du royaume des Cieux. Dans les deux cas, il y a eu une certaine union des volontés. Le laboureur a désiré posséder le trésor après l'avoir découvert, et c'était aussi la volonté de Dieu. Le marchand a voulu acheter la perle après l'avoir trouvé, et là encore, c'était la volonté de Dieu. Chacun a atteint à sa façon son destin décidé par Dieu.

On dit parfois que « l'amour n'est rien de plus qu'un intérêt personnel éclairé ». Pour le laboureur, il n'y avait pas d'intérêt personnel plus grand que d'avoir trouvé ce trésor, et pour le marchand, il n'y avait pas d'intérêt personnel plus grand que d'avoir acheté cette perle. Pourtant, le plus grand intérêt personnel que nous pouvons avoir ici-bas est de chercher Dieu et le royaume des Cieux. Saint Paul a dit : « Songez aux choses d'en haut, non à celles de la Terre » (Colossiens 3:2). Cela ne signifie pas que nous devrions négliger nos responsabilités temporelles ou nos biens terrestres, mais plutôt orienter notre vie vers notre trésor et notre perle ultimes. « Car où est ton trésor, là sera aussi ton cœur. » (Matthieu 6:21).

Le royaume des Cieux mérite et exige une réponse totale, non pas au détriment de nos devoirs ou responsabilités terrestres, mais en orientant toute notre vie vers notre but ultime. Cela requiert un esprit de sacrifice et de détachement. Le laboureur et le marchand ont dû consentir à des sacrifices pour obtenir le trésor et la perle, pourtant ceux-ci ne sont pas mis en avant dans la parabole. Ce qui en ressort avant tout, c'est la valeur de ce qu'ils ont trouvé et la joie qu'ils éprouvent à le posséder.

> Ce que l'œil n'a pas vu, ce que l'oreille n'a pas entendu, ce qui n'est pas monté au cœur de l'homme, tout ce que Dieu a préparé pour ceux qui l'aiment ? (1 Corinthiens 2:9)

Conclusion

Dans les réflexions intitulées « Le christianisme en déclin » et « Cinq suggestions », j'ai abordé la baisse de fréquentation des églises chrétiennes d'Occident, et les moyens de ralentir, d'arrêter ou d'inverser cette tendance.

Dans le monde catholique, on parle de la nouvelle évangélisation depuis un certain temps déjà, et celle-ci est très attendue. Parmi d'autres sujets, le concile Vatican 2 (1962-1965) se pencha sur la sécularisation rapide et la déchristianisation du monde moderne, mettant l'accent sur le terme *évangélisation* dans ses documents. Dix ans plus tard, le pape Paul VI publia l'exhortation apostolique « L'évangélisation dans le monde moderne » (1975), dans laquelle il invitait les catholiques à évangéliser ceux qui n'avaient jamais entendu parler de l'Évangile, ainsi que les chrétiens baptisés ne pratiquant plus.

En 1978, le pape Jean Paul II fut élu et fit de l'évangélisation une priorité de son pontificat. Dans un discours lors de la conférence épiscopale d'Haïti, il appela à une « nouvelle évangélisation, nouvelle dans son ardeur, ses méthodes et son expression », et dans son encyclique « La mission du Rédempteur » (1990), il écrivit : « J'estime que le moment est venu d'engager toutes les forces ecclésiales dans la nouvelle évangélisation ». Il ajouta également un troisième groupe aux deux évoqués par le pape Paul VI (voir plus haut) : les baptisés dont la foi est fervente.

Benoît XVI ajouta l'élément final en écrivant que la nouvelle évangélisation ne serait pas nouvelle dans son contenu, qu'il n'y aurait pas de changement dans la doctrine établie, mais seulement des innovations et des ajustements dans sa présentation.

Peut-être la nouvelle évangélisation se concrétisera-t-elle progressivement avec le temps, quoi qu'il en soit, elle ne s'est pas encore imposée. Pour être juste, l'Église catholique a souligné qu'il n'y avait pas de formule unique (pape Benoît XVI), et la nouvelle évangélisation semble être un processus qui sera élaboré par de nombreuses personnes au fil du temps. La version actuelle du *Catéchisme de l'Église catholique* a été publiée dans les années 1990, et à mon humble opinion, c'est une vérité exprimée avec beauté.

En ce qui concerne les réflexions intitulées « Le déclin du christianisme » et « Cinq suggestions », il convient de noter que le déclin de la fréquentation des églises ne correspond pas tout à fait au déclin du christianisme. Certaines personnes n'assistent pas à la liturgie ou aux services religieux mais prient, croient en Dieu et vivent leur vie selon la foi et la morale chrétiennes. Elles se considèrent comme chrétiennes et doivent être comptées comme telles. Par conséquent, un quatrième groupe devrait peut-être être ajouté aux trois mentionnés plus haut : les chrétiens baptisés qui ne vont pas à l'église mais vivent selon la foi et la morale chrétiennes. Ces personnes ont, elles aussi, besoin d'évangélisation.

Le problème de la déconnexion entre l'Église et le monde en ce qui concerne l'histoire, le savoir et la dissonance culturelle qui en découle ne doit pas être sous-estimé. Comment combler ce fossé ? C'est le plus grand défi que devra relever le christianisme au XXIᵉ siècle, et probablement au-delà. Toute personne qui s'engage dans un ministère sera confrontée à ce défi, et des tentatives d'innovation pourront en être attendues. La série *Un héros est choisi* est une tentative d'innovation ; qui a dit que la nouvelle évangélisation se limiterait à la prédication dans les églises ?

Épilogue

Dans l'introduction, j'ai parlé du fait que chaque livre est une sorte de voyage, et que le voyage de ce livre est une métaphore du voyage que nous entreprenons dans la vie. Le voyage de ce livre débute sur la couverture et s'achève avec l'illustration finale (page suivante). « Empreintes dans le désert » représente l'accomplissement du voyage du moine. Nous ignorons ce qu'il est advenu de lui, et comment notre propre voyage se terminera. Nous n'avons qu'une seule vie terrestre pour l'éternité, et ce livre a été écrit pour nous inciter à réfléchir à la façon dont nous choisissons de la vivre. Lorsque le voyage de cette vie s'achèvera, il sera à jamais terminé.

Je conclurai par cette pensée : Le mot le plus beau dans toutes les langues est *oui*. Lorsque nous disons oui à Dieu, nous lui offrons un trésor. Si la vie est le plus grand cadeau de Dieu et que nous lui offrons notre vie pour qu'Il en fasse ce qu'Il désire, alors nous offrons à Dieu le plus grand cadeau qu'Il nous a fait.

J'espère que vous méditerez là-dessus en tournant la page, pour beaucoup d'entre vous, pour la dernière fois.

Empreintes dans le désert

À propos de l'auteur

Frère Emmanuel Labrise, O.S.B., est titulaire d'une licence de sciences de l'université Saint Vincent, d'un master de lettres de l'université Bowling Green State et d'un master de lettres du séminaire Notre Dame. Moine contemplatif menant une vie monastique depuis plus de vingt ans, il a passé six ans au sein de l'ordre des Chartreux et est moine dans l'ordre de Saint-Benoît depuis 2009. Parmi ses diverses missions, il a enseigné dans un séminaire, travaillé dans un programme de formation au séminaire et donné des conférences dans un lieu de retraite. Il mène actuellement une vie érémitique ; ses principales activités sont la prière, la lecture, la réflexion et l'écriture.

emprisonnement et sa mort à Auschwitz
(moment héroïque)

Notes et réflexions personnelles :

Notes et réflexions personnelles :